Wer bin ich?

Warum bin ich hier?

Wie man seine Bestimmung und Berufung im Leben entdeckt

Sunday Adelaja

Sunday Adelaja

Wer bin ich? Warum bin ich hier?

©2017 Sunday Adelaja

ISBN 978-3-741297-97-7

aus dem englischen „Who Am I? Why Am I Here?"

von Sunday Adelaja, Kiew, Ukraine 2016

Viele weitere Informationen über Sunday Adelaja im Internet

www.sundayadelaja.de

Bibliografische Information der Deutschen Nationalbibliothek:
Die Deutsche Nationalbibliothek verzeichnet diese
Publikation in der
Deutschen Nationalbibliografie;
detaillierte bibliografische Daten sind im
Internet über http://dnb.dnb.de abrufbar.

© 2016 SundayAdelaja

Illustration: Salome Ballentin, ap&p

Übersetzung: Gudrun Wessels, ap&p

weitere Mitwirkende: Rahel Ballentin, Siegfried Ballentin ap&p

Herstellung und Verlag: BoD – Books on Demand, Norderstedt

für agentur presse & publikationen Hansestadt Wismar, Deutschland

Teil 1 Fünf der wesentlichsten Fragen an die Menschheit 17

Kapitel 1 Wer bin ich? 18

Kapitel 2 Mache Sie sich einen Name und erkenne Sie Ihren Wert 32

Mache Sie sich einen Name und erkenne Sie Ihren Wert 34

Bleib deinem Traum Treu 42

Wir sind nicht dazu geschaffen, eine Biomasse zu sein. 45

Leben im Stil aller anderen 46

Nutzte eine scheinbar negative Situation zu deinem Vorteil .47

Zu dem zu werden, was dem eigenen Potenzial entspricht ...51

Kapitel 3 Was kann ich tun? Eine Frage des Potenzials .58

Alles hat eine latente Energie 61

Wir können in unserem Inneren eine verborgene Energie entdecken. 61

Fokussiere dich auf eine Sache und lass deine Aufmerksamkeit nicht abschweifen 66

Kapitel 4 Warum bin ich hier? Was tue ich hier? 80

Kapitel 5 Wohin gehe ich? 98

Die Konsequenzen eines fehlenden Zieles 100

Beharrlichkeit und Ausdauer sind das großartigste Werk. 121

Ausdauer wird belohnt. 124

Wir sind Menschen mit unbegrenzten Möglichkeiten. 125

Alles wird getan werden, aber nicht sofort 125
Kapitel 6. Das Werte- und Glaubenssystem 134
Wenn du herausfinden willst, was deine Werte sind, tue folgendes:
.... 142
Was ist eine Überzeugung? 144

Teil 2 156
Kapitel 7 Wie man seine Berufung findet 160
Kapitel 8 Die Prinzipien, um Träume zu erfüllen. Wie man von A nach Z gelangt. 176
Kapitel 9. Praktische Schritte, um deine Vision umzusetzen.
.... 184

Der Mensch, der seine Berufung kennt, wird überall Gelegenheiten finden. 189

Hier einige konkrete Schritte, wie sich dein Traum erfüllen kann.
.... 190

Teil 3 Was hindert uns daran, unsere Berufung zu erfüllen? 202
Kapitel 10: Was ist ein Minderwertigkeitskomplex und wodurch wird er verursacht? 204
Kapitel 11 Schuldgefühle 214

Wie sieht dieses Verhaltensmuster oder dieser Schuldkomplex aus?
.... 217

Welche Gefahr birgt dieser Komplex? 218

Wie werden wir frei von Schuldgefühlen? 220
Kapitel 12 Der Opferkomplex 226

Warum ist der Opferkomplex so gefährlich? 230

Wie kann sich das Verhalten eines Menschen mit einem Opferkomplex ändern? 231

Kapitel 13 Versagensängste 238

Wie äußert sich die Versagensangst? 240

Wie wird man frei von der Versagensangst? 242

Kapitel 14 Angst vor Kritik 246

Wie schränken diese Ängste unser Potenzial ein? 248

Die positiven Auswirkungen von Kritik: 249

Kapitel 15 Ablehnung 256

Worauf basiert das Gefühl des Abgelehntseins? 261

Was verstehen wir unter bedingungsloser Liebe? 261

Was sind die Eigenschaften der Ablehnung? 262

Was kann man einem Menschen raten, der vom Gefühl des Abgelehntseins frei werden will? 262

Kapitel 16 Geringes Selbstbewusstsein 268

Was führt zu geringem Selbstbewusstsein? 269

Was hilft uns dabei, ein angemessenes Selbstbewusstsein aufzubauen? 270

Wie können wir von einem geringen Selbstbewusstsein frei werden? 271

Kapitel 17 Was ist der Unterschied zwischen Gewinnern und Verlieren? 278

Test: Hast du einen Minderwertigkeitskomplex? 290
Epilog..294

Sunday Adelaja im sozialen Netz...298

Kontakt 299

Einführung

Ein Friedhof ist der reichste Ort der Welt. Sicher wirst du fragen warum. Viele großartige Ideen, Projekte, Meisterstücke literarischer Arbeit, unglaublich prächtige Filmdrehbücher, Gedichte, die nie veröffentlicht worden sind und wissenschaftliche Entdeckungen, die nie bekannt wurden, sind hier begraben. Sie sind mit den Menschen begraben, die ihren Beitrag zur Entwicklung der Menschheit, Medizin, Wissenschaft, Kultur und Verbesserung der Regierungsinstitutionen hätten leisten sollen.

Leider sind all diese wunderbaren Ideen und Projekte nun zusammen mit ihren Autoren begraben. Sie werden in diesem Leben niemals lebendig werden, weil die Menschen, die mit einem bestimmten Ziel und einer bestimmten Bestimmung auf dem Planeten Erde geboren wurden, ihre Bestimmung nicht verstanden haben und darin versagt haben, den Auftrag ihres Lebens auszuführen. Aber du hast noch immer eine Chance! Du lebst noch! Es ist die Stimme des Herzens unseres Schöpfers und der Schrei des Universums:

Mensch! Entwerte dein Leben nicht, mache daraus kein Chaos und keinen Konkurrenzkampf. Du sollst der Mensch werden, als der du geschaffen worden bist! Finde zu dir selbst und erfülle deine Mission!

Schau dich einmal um.

29 % aller Menschen werden an Herzkrankheiten sterben

20 % aller Menschen werden an Krebs sterben

10 % oder mehr werden an AIDS sterben

9,6 % werden an einem Schlaganfall sterben

1,5 % werden Selbstmord begehen

0,6 % werden ertrinken

0,5 % werden im Feuer sterben

0,09 % werden an Hepatitis C sterben

Wie dem auch sei, aber offen gesagt: 99 % aller Menschen werden sterben, ohne dass sie ihren Auftrag erfüllt haben.

Was sollte dich dann eigentlich beunruhigen?

Praktischer Rat, wie man dieses Buch **LESEN** sollte

Dieses Buch kann dein Leben verändern!

Wenn wir ein Buch lesen, entscheiden wir uns oft, alles im Leben anzuwenden, was wir daraus gelernt haben. Aber wie oft haben wir wenige Woche später schon wieder vergessen, was wir beabsichtigt hatten. Du kannst ein breit gefächertes Wissen haben, es aber niemals nutzen oder nicht erleben, wie sich dieses Wissen erweitert. Vieles von dem, was du hier lesen wirst, wird dir nicht neu sein. Die Frage ist aber, was du damit machen wirst.

Hier sind sechs praktische Methoden, die dir helfen werden, deine guten Absichten in ebenso gute Handlungen umzuwandeln.

1. Lies dieses Buch mehrere Male.

Wenn du ein Buch liest, solltest du oft eine Pause einlegen, um den Inhalt zu überdenken. Frage dich, wann und wo du die eine oder andere Empfehlung anwenden könntest. Wenn du dieses Buch gründlich studiert hast, solltest du es einmal im Monat erneut lesen und dir dafür mehrere Stunden Zeit nehmen. Dieses Buch sollte zu deinem Handbuch werden.

2. Lies laut.

Wenn du etwas laut liest, wird das die Kraft freisetzen, die in jedem Wort verborgen liegt, so dass es in deinem Leben Fuß fassen kann. Jedes Wort, das du siehst ist so wichtig wie jedes Wort, das du hörst. Ein ausgesprochenes Wort ist wie eine Welle. Wenn es ertönt hat es Einfluss auf alles, was es umgibt. Deshalb machen Worte einen Unterschied. Unterschätze die Macht der Worte nicht! Lass diese Kraft nicht an dir vorbeigehen, wo sie doch die Umstände in deinem Leben fast physisch verändern kann!

3. Unterstreiche und mache Notizen

Wenn du dieses Buch liest, halte einen Stift oder Marker bereit. Unterstreiche verschiedene Zeilen und Abschnitte – dieser einfache Vorgang wird dein Gedächtnis um das Dreifache verstärken. Schreibe deine eigenen Gedanken nieder und mache Randnotizen. Mache dieses Buch zu deinem „eigenen" Buch. Wenn man Dinge unterstreicht, wird ein Buch wesentlich interessanter und trägt dazu bei, es in Zukunft leichter noch einmal lesen zu können.

4. Lies die unterstrichenen Teile noch einmal.

Weil du unterstreichst und markierst, kannst du die wesentlichsten Fragen und Passagen dieses Buches noch einmal lesen. Damit dir das Lesen etwas bringt, solltest du möglichst oft darüber schauen. Lass dich von den markierten Abschnitten inspirieren, dein Leben zu verbessern. Wir Menschen haben eine erstaunliche Fähigkeit, Dinge zu vergessen. Der einzige Weg, die wichtigen Informationen im Gedächtnis zu behalten, ist immer wieder darauf zurückzukommen.

5. Wende die gelernten Prinzipien sofort an

Wenn du die gelernte Information anwendest, wirst du Dinge schneller verstehen und behalten. Ein Mensch kann nicht mit etwas belehrt werden, ein Mensch kann nur etwas lernen. Das bedeutet, dass Lernen ein aktiver Prozess ist. Es gelingt uns am besten, wenn wir Dinge lernen, die wir in der Praxis anwenden können. Wenn du die Prinzipien dieses Buches erfolgreich umsetzen willst, dann solltest du jede Gelegenheit nutzen und sie so oft wie möglich anwenden. Wenn du sie nicht praktizierst, wirst du sie bald vergessen haben. Nur die Dinge, die wir praktisch anwenden, werden wir im Gedächtnis behalten.

6. Gib dem Gelernten die Priorität

Entscheide dich für den Anfang für einen bis drei Punkte, mit denen du arbeiten willst. Beginne, sie ständig anzuwenden, bis sie zu einer Gewohnheit werden. Die praktischen Vorteile, die in dem Wissen liegen, das du diesem Buch entnehmen kannst, können nur zu deiner Gewohnheit werden, wenn du das Gelernte stets wiederholst. Nur dann wirst du anfangen, es auch unbewusst anzuwenden.

Am Ende eines Kapitels wirst du die Goldenen Wahrheiten finden, die alle wesentlichen Gedanken enthalten, die dir in diesem Kapitel begegnet sind. Darüber hinaus wirst du Tests finden, die dafür gedacht sind, dass du dich und deine Fähigkeiten besser einschätzen kannst, und ebenso praktische Aufgaben, die dir helfen, das Gelernte in die Praxis umzusetzen. Sie sind nicht dazu gedacht, nur gelesen zu werden. Ich rate dir, die praktischen Aufgaben innerhalb von 24 Stunden auszuführen, um das beste Ergebnis und den größten Nutzen daraus zu erzielen. Sonst werden dich die Sorgen um das Alltägliche davon abhalten, dass sich dein Schicksal erfüllen kann. Dann werden die Veränderungen, die du dir so sehr wünschst, in deinem Leben nicht geschehen.

Durch meine jahrelange Erfahrung in der Arbeit mit Menschen weiß ich, dass solche Aufgaben gewöhnlich zum Schein erfüllt werden. Allerdings bist du nicht mehr in der Schule, wo du mit solch unverbindlichem Verhalten davonkommst. Es geht um dein Leben, und die Veränderungen in deinem Leben hängen davon ab, wie du diese Aufgaben erfüllst. Diese Aufgaben ernsthaft anzugehen sollte deshalb zu deiner Priorität werden. Für dich ist es notwendig, nicht für den Autor dieses Buches. Du solltest dir einen ruhigen Ort suchen, wo dich niemand stören kann, und diese Aufgaben bearbeiten. Das könnte vielleicht in der

Zeit sein, wenn du alleine zu Hause bist oder in der Nacht, wenn die anderen schlafen.

Unbedingt notwendig ist, das vorherige Kapitel mit allen Punkten, die du markiert hast, noch einmal anzuschauen. Trage zusammen, wozu du dich entschieden hast, und schreibe nieder, welche Schritte du dahingehend tun willst. Vergiss nicht, bestimmte Zeiträume festzulegen, und setze dir auch Grenzen. Das wird dir helfen, die Schritte, die dein Leben verändern sollen, nicht aufzuschieben. Suche dir eine Person, vor der du für deine Entscheidung Rechenschaft ablegen kannst und die dich daran erinnern wird, oder einfach einen Partner für deine persönliche Entwicklung.

Notiere dir das Datum, an dem du begonnen hast, dieses Buch zu lesen. Lass dieses Datum zu einem entscheidenden Moment in deinem Leben werden!

Hinweise, wie man die praktischen Aufgaben am besten **bearbeiten** kann

Bitte beachte: Diese Aufgaben sind nicht dazu gedacht, sie nur zu lesen. Du solltest mit ihnen arbeiten, um die notwendigen Veränderungen zu erzielen. Das Wort „praktisch" in der Überschrift dieses Kapitels wurde nur aus diesem Grund gebraucht. Wir erfüllen Aufgaben dieser Art oft nur, um gut dazustehen, um eine gute Note zu bekommen. Darf ich dich daran erinnern, dass du nicht in der Schule bist? Es geht um dein Leben. Für dich ist es lebensnotwendig, diese Aufgaben zu erfüllen, nicht für den Autor dieses Buches. Nimm das ernst und übernimm Verantwortung!

Um den größtmöglichen Nutzen aus diesen Aufgaben zu ziehen, empfehle ich folgendes:

Bearbeite sie innerhalb von 24 Stunden, nachdem du sie gelesen hast. Wenn du sie verschiebst, riskierst du, deine Bestimmung und deinen Erfolg zu verpassen.

Arbeite schweigend an den praktischen Aufgaben, in einer ruhigen Umgebung. Suche dir einen ruhigen Ort, wo dich niemand dabei stören kann. Es könnte die Zeit sein, wenn du alleine zu Hause bist oder in der Nacht, wenn die anderen schlafen.

Achte darauf, dass du jedes Kapitel, das du gelesen hast und alle Punkte, die du markiert hast, noch einmal reflektierst. Trage zusammen, wozu du dich entschieden hast und schreibe die Schritte auf, die du daraufhin tun willst.

Vergiss nicht, bestimmte Zeiträume festzulegen, um das Geplante durchzuführen, und setze dir auch Grenzen. Das wird dir helfen, geplante Schritte, die dein Leben verändern werden, nicht auf die lange Bank zu schieben.

Suche dir jemanden, vor dem du hinsichtlich deiner Entscheidung Rechenschaft ablegen kannst und der dich daran erinnern wird, oder einfach einen Partner für deine persönliche Entwicklung.

Ratschläge zum Durchführen der Tests

Die Tests am Ende eines jeden Kapitels werden dir helfen, dich selbst zu hinterfragen und zu bestimmen, wo du stehst. Wenn du herausgefunden hast, wo deine Schwachstellen sind, wirst du in der Lage sein, sie zu verbessern, indem du die Prinzipien, von denen in diesem Buch die Rede ist, anwendest. Beantworte die Fragen oder Aussagen ehrlich und wohlüberlegt. Indem du das tust, wirst du nicht nur dir selbst, sondern auch anderen Menschen helfen, ihre Probleme zu lösen.

Um einen Test durchzuführen solltest du eine Frage aufmerksam lesen und jede Frage beantworten. Jede Frage bringt dir eine bestimmte Punktzahl. Wenn du nachdem du alle Fragen beantwortet hast deine Punkte zusammengezählt hast, wirst du dein Testergebnis wissen. Viel Glück!

Teil 1
Fünf der wesentlichsten Fragen an die Menschheit

Kapitel 1

Wer bin ich?

WER BIN ICH?

„In dem Moment in dem ich verstand, wen ich vermisste, verstand ich auch, welcher Mensch mir fehlte. Mir wurde deutlich bewusst, nach wem ich mich sehnte, wen ich seit langem vermisste und wer mir jeden Tag meines Lebens fehlte. Ich vermisste mich selbst. Wahrhaft und glücklich."

Ye. Grishkovets

Am John F. Kennedy Flughafen machte ein Journalist eine Umfrage zum Thema: "Was finden Sie in der Welt am schlimmsten?" Die Antworten der Leute waren unterschiedlich: Krieg, Armut, Betrug, Krankheiten…. Zur selben Zeit saß auch Seung Sahn, ein Zen-Mönch, in der Halle. Als der Journalist das buddhistische Gewand sah, stellte er dem Mönch diese Frage. Der Mönch antwortete mit einer Gegenfrage: „Wer bist du?" „Ich bin John Smith". „Nein, das ist nur ein Name, aber wer bist du?" „Ich bin Journalist für einen Fernsehsender". „Nein, das ist nur dein Job, aber wer bist du?" „Ich bin letztendlich ein Mensch!" „Nein, das ist nur deine Spezies, aber wer bist du?" Der Journalist verstand schließlich, was der Mönch meinte und stand dort stocksteif mit offenem Mund, weil er nichts sagen konnte.

Der Mönch bemerkte: „Das ist das Schlimmste in der Welt – nicht zu wissen, wer man ist."

Eine Frau ging langsam eine schneebedeckte Straße in einem Stadtpark entlang. Schnee rieselte auf den Boden wie weiße flauschige Federn. Es war ein warmer Wintertag, einer der Tage, an dem man das gute Wetter genießt, die Schönheit der Natur mit ihren schneeweißen Zweigen und Tannenbäumen. Serena jedoch bemerkte die wunderbare Winterszenerie um sie herum gar nicht. Sie sah ihr Leben als beendet an. Sie hatte kürzlich das Alter von 50 Jahren überschritten, und nun schien ihr Leben sinnlos und völlig zerstört. Es gab für sie keinen Grund mehr zu leben. In der Vergangenheit sahen alle ihren Bekannten Serena als einen erfolgreichen Menschen an, der einen guten Platz in diesem Leben gefunden hatte. Ihr Mann war ein erfolgreicher Geschäftsmann, sie lebte im Wohlstand, ihr ältester Sohn hatte seine eigene Familie, und sie hatte bereits Enkel. Ihre Tochter war noch nicht verheiratet, aber sie war schon bei einer großen Firma angestellt, ihre Entwicklung und Karriere freuten das Herz ihrer Eltern. Ihr Leben schien erfolgreich, und für einen Außenstehenden schien alles in Ordnung zu sein. So war ihr Leben bis zu dem Tag verlaufen, als ihr Mann nach einem kleinen Familienstreit in das Landhaus fuhr, nicht mehr nach Hause zurückkehrte, und seine Familie nicht länger finanziell unterstützte. Er sagte, er sei sein Familienleben leid geworden, und nun möchte er seine Ruhe haben und dort alleine leben. Serena blieb alleine im großen Luxusappartement zurück ohne jegliche Mittel für den Lebensunterhalt. Auch die Kinder waren ihr in dieser Situation keine besondere Unterstützung, was sie ihr damit erklärten, dass sie wenig Zeit und viel zu tun hatten. Mit 50 Jahren stand sie alleine da, arbeitslos, ohne Familie und Lebensunterhalt. Serena hatte ihr ganzes Leben ihrer Familie gewidmet. Sie war Hausfrau. Ihre Kinder und ihr Mann, ein sauberes und ordentliches Haus, Gemütlichkeit und Komfort für ihre Familie waren ihr Lebenssinn gewesen. Sie hatte sich den Rest ihres Lebens anders vorgestellt. Eine glückliche Familie zu haben war ihr wichtiges Ziel. Sie erreichte dieses Ziel mit 16 Jahren, und lange Zeit lebte sie damit. Die erste Ehe war unglücklich, aber die zweite war viel besser. Sie liebte ihren Ehemann trotz aller Probleme in ihrer Beziehung, und sie tat alles, um ihre Familie zusammenzuhalten. Serena ging die schneebedeckte Straße entlang und dachte an das schlimme Ende ihres Lebens, was letztendlich das Ergebnis ihrer wahr gewordenen Träume war. Das Ziel hatte sie erreicht, sie hatte eine

Familie, einen Mann und Kinder, aber sie war jetzt alleine gelassen worden. Sie fühlte sich ungewollt und einsam, sie verstand nicht, warum sie weiterleben sollte.

Gott gab ihr Kraft, um weiterleben zu können, und hielt sie davon ab, sich das Leben zu nehmen. Aber wozu sollte sie weiterleben? Sie hatte ihr Ziel erreicht, aber das Ziel war falsch und brachte Serena in eine ernsthafte Existenzkrise. Was war in ihrem Leben also falsch gelaufen? Serena, begann, sich ernsthafte Fragen zu stellen.

Wer bin ich? Bin ich eine Hausfrau? Bin ich eine Exfrau? Bin ich die Mutter zweier Kinder? Warum bin ich in diese Welt gekommen? Nur um zu heiraten und Kinder zu bekommen, oder gibt es einen anderen, höheren Sinn für meine Existenz? Wenn es einen anderen Sinn gibt, wie kann ich ihn herausfinden?

Sie besuchte Kurse zur Selbstverwirklichung, wo sie ermutigt wurde, sich Ziele zu setzen und diese zu erreichen. Ein Leben ohne Ziele führt in die Depression, wie die ihr bekannten Redner sagten. Sie brachten ihr bei, wie sie ihre Ziele erreichen kann. Nun, sie hatte einmal ein Ziel gehabt. Macht es einen Unterschied, ob es das Ziel des Lebens war, eine Firma oder eine Familie zu gründen? Wenn sie sich entscheiden würde, ihr Ziel zu verändern und stattdessen ein erfolgreiches Geschäft zu führen, was wäre, wenn dies irgendwann zu genauso einem trostlosen Ende führen würde? Was war also ihre wirkliche Bestimmung? Serena verstand, dass sie zunächst einmal zu sich selbst finden musste, sich selbst in dieser Welt eine Identität geben und erst dann nach ihrem Lebenssinn suchen musste.

> *„Die größte Tragödie im menschlichen Leben ist nicht der Tod, sondern ein Leben ohne Sinn".*
>
> *Myles Monroe*❋

❋Myles Munroe starb mit seiner Frau und acht andere bei einem Flugzeugabsturz am 9.November 2014, Nassau, Bahamas

Leider leben viele Menschen dieser Welt fast ohne Bewusstsein. Sie leben wie in einem Traum. Sie stehen jeden Morgen auf, putzen sich die Zähne, kleiden sich an, gehen zur Schule oder zur Arbeit, führen ein Geschäft, sind ständig in Aktion und denken selten über den Sinn nach, für den sie geboren wurden oder stellen sich die Frage, wer sie sind. In unserem dynamischen Zeitalter beschleunigt sich alles immer mehr, die zu lösenden Probleme wachsen immer weiter an, und das Chaos des Lebens nimmt überhand. Wir sollten über lebenswichtige Dinge nachdenken, wie wir unser Leben und das unserer Familie und Kinder unterstützen.

Ein Mensch ist ständig in Hektik und hat selten Zeit, darüber nachzudenken, wie er sein Leben vernünftig leben will, wer er ist und wozu er in diese Welt hineingeboren wurde. Es muss erst etwas Ernsthaftes geschehen, so dass er seine „lebenswichtige" Tätigkeit aufgeben, und anfangen muss, über die philosophischen Fragen nachzudenken, die die Menschheit während ihrer gesamten Existenz auf dem Planeten Erde zu beantworten versucht hat.

Wer bin ich? Warum bin ich in diese Welt gekommen? Wozu lebe ich? Was ist der Sinn meines Lebens? Woher komme ich? Was bedeutet es, ich selbst zu sein? Wo ist mein Platz in diesem Leben? Warum wurde ich auf diesen Planeten geboren?

Jeder Mensch stellt sich diese Fragen. Wenn wir bewusst leben wollen, wenn wir wollen, dass uns unser Leben nur Freude bringt und wir es nicht auf bloßes Überleben reduzieren wollen, dann sollte ein jeder von uns Antworten finden auf die Fragen nach unserer Bestimmung.

Das Leben eines Menschen, der seine Bestimmung nicht erkennen will, ist sinnlos. Heute begegnen uns Millionen Menschen wie Serena. Sie sind damit beschäftigt, Familien zu gründen, ein Geschäft aufzubauen, von morgens bis in die Nacht zu arbeiten, aber sie wissen nicht, was es heißt, ein vollwertiges Leben zu führen. Das Leben der Menschen, die ihre Bestimmung nicht kennen, wird zu einer endlosen Kette von Aktivitäten, die tatsächlich keine Rolle dabei spielen, ob sie Erfolg haben oder nicht. Wir können ein Leben ohne Ziel mit einem Reiter auf einem bockigen Pferd vergleichen. Er bewegt sich viel, kommt aber kaum voran.

Du wurdest so geschaffen wie du bist, mit einem Ziel für das du geboren wurdest. Deshalb ist es so wichtig, seine Bestimmung zu kennen. Wenn wir sie kennen, können wir auch unsere innere Welt besser verstehen.

So wurde ein Mobiltelefon z. B. zu einem bestimmten Zweck produziert, es hat seine eigenen speziellen Merkmale. Die Eigenschaften eines iPad unterscheiden sich von denen eines Mobiltelefons. Auch jeder von uns hat seine eigenen einzigartigen Charakterzüge, und diese brauchen wir, um unsere Bestimmung zu erfüllen.

Du wurdest zu einem bestimmten Zweck auf diesen Planeten geboren, und die Welt braucht die Gabe, die du hast, die Welt braucht deine Bestimmung. Wenn du nicht zu dir selbst und deiner Bestimmung findest, dann wird es der Welt schlechter gehen. Wie wäre die Welt z. B., wenn Steve Jobs nicht das iPad und das iPhon erfunden hätte? Wenn Edison nicht die Glühbirne erfunden hätte, die später in allen Häusern brannte? Die Welt wird etwas verlieren, wenn du nicht zu dir selbst findest, wenn du die Frage „Wer bin ich?" nicht beantwortest und deinen Auftrag nicht erfüllst.

Wer bin ich?

Die erste Frage ist die wichtigste und schwierigste. Du wirst jemand anders sein, wenn du diese Frage nicht beantwortest. Die meisten Menschen spielen die Rolle eines anderen, sie geben vor, andere Menschen zu sein, weil sie nie über ihr wahres Selbst nachgedacht haben.

Wir werden zu den Menschen, zu denen wir von unserer Familie und Gesellschaft gemacht wurden, weil wir nicht wissen wollen, wer wir wirklich sind. Wir sprechen in einer Umgangssprache, die allgemein akzeptiert wird, tragen die Kleidung der neuesten Mode und orientieren unser Denken an den vorherrschenden Klischees. Wir leben, um von unserer Umwelt akzeptiert zu werden, weil wir nicht wissen, wer wir wirklich sind. Bevor wir aber die Frage „Wer bin ich?" beantwortet haben, werden wir nicht in der Lage sein, ein neues Leben zu beginnen. Deshalb ist diese Frage die wichtigste alle Fragen.

Die Frage **„Wer bin ich?"** ist die erste Frage, die sich jeder Mensch mit einer gesunden Selbsteinschätzung stellen sollte. „Wer bin ich?" ist eine komplizierte Frage, die die meisten Menschen noch nicht beantwortet haben.

Wenn du nicht weißt, wer du bist, wirst du jemand anders sein. Die meisten Menschen werden zu jemand anderem. Deshalb verstecken wir unser wahres Selbst und tragen die Abbilder und Markenzeichen anderer. Ein Markenzeichen gehört zu einer Firma, der es gelungen ist, Erfolg zu erzielen und weltweite Beliebtheit zu erlangen, mit ihrem eigenen Markenzeichen und ihrem einzigartigen Auftreten anstatt billige Nachahmungen anderer zu produzieren. Wir sprechen, kleiden uns und denken wie andere, und wir leben mit dem Ziel, von anderen anerkannt zu werden, weil wir nicht wissen wer wir sind. Bevor du weißt, wer du wirklich bist, wirst du nicht anfangen können zu leben. Deshalb ist diese Lektion die wichtigste von allen.

> *„Wer einmal zu sich selbst gefunden hat, kann nichts mehr in dieser Welt verlieren. Wer einmal den Menschen in sich verstanden hat, kann die ganze Menschheit verstehen".*
>
> *Stefan Zweig, österreichischer Schriftsteller*

Wenn ein Mensch versteht, wer er ist, kann er nicht verletzt, gedemütigt oder beleidigt werden. Er wird andere nicht beneiden oder verurteilen, denn er kennt seinen eigenen Wert, seine Einzigartigkeit und Besonderheit. Er wird auf die negativen Dinge, die ihn umgeben, nicht reagieren. Er kann seinen Frieden und seine Fröhlichkeit nicht verlieren, weil er im Frieden mit sich selbst ist. Auch wenn er sein Geld verliert oder einen Misserfolg in seiner Karriere erleidet, wird das nicht seine innere Welt tangieren und ihn erschrecken oder nervös machen, denn dies sind nur die äußeren Umstände. Er ist sich seines Wertes bewusst, er vertraut auf seine Stärke und kann jederzeit von neuem beginnen und wieder Erfolg erlangen.

> *„Niemand ist elender als der Mensch, der jemand anders sein möchte als er selbst, sowohl körperlich als auch geistig."*
>
> *Angelo Patri, Buchautor*

Rene Descartes, ein französischer Philosoph, ist einer der Gründer der New Age Philosophie. Als er die Frage beantwortete: „Wer bin ich?" sagte er, dass „die Bewusstseinssphäre" und das „Ich" zusammenfließen. Mit anderen Worten, das Wesen einer Seele liegt im Denken". „Cogito ergo sum" − Ich denke, also bin ich. Gleichzeitig hat unser „Ich" keinen Einfluss auf die äußere Welt.

> Skolov V.V. „Rene Descartes Philosophie des Geistes und der Materie".

Immanuel Kant, ein deutscher Philosoph und der Gründer der klassischen deutschen Philosophie, der während des Überganges vom Zeitalter der Aufklärung zum Zeitalter der Romantik lebte, sagte: „Ein Mensch ist das Wesentlichste in unserer Welt, weil er ein Selbstbewusstsein hat. Ein Mensch ist das wertvollste Geschöpf, weil er eine Persönlichkeit und ein Individuum ist. Behandle ihn wie einen Zweck und nicht so sehr wie ein Mittel. Unser „Ich" wird von der äußeren Welt beeinflusst."

> Kuno Fischer „Geschichte der modernen Philosophie. Immanuel Kant und seine Lehre".

Hegel, ein deutscher Philosoph, einer der Schöpfer der klassischen und romantischen deutschen Philosophie, betrachtete das „Ich" in Relation zum Grad der Entwicklung des menschlichen Selbstbewusstseins. Er betrachtete die Gesellschaft und die Zeit, in der wir leben, als einen immensen Einfluss auf die Bildung unseres „Ichs". Es erweitert den menschlichen Verantwortungsbereich und den Umfang der Handlungen, die von unserem „Ich" kontrolliert werden.

> „Wilhelm Friedrich Hegel „The Phenomenology of Spirit"

Existentialismus ist einer der beliebtesten und einflussreichsten Trends im gegenwärtigen sozialen Denken.

Für Existentialisten stellt das „Ich" ein aktives kreatives Bewusstsein dar. Ein Mensch ist in der Lage zu denken und sich seiner Existenz bewusst zu sein und ist demzufolge verantwortlich für seinen Lebensunterhalt. Ein Mensch sollte sich seiner selbst bewusst sein, und für sich selbst verantwortlich sein, wenn er wahrhaft er selbst sein will.

Rollo May „The origins of existentialism tendency in psychology and its significance".

Jesus Christus gab die beste Antwort auf diese philosophische Frage.

„Ich bin…" Jesus Christus gebrauchte diese Worte öfter als jeder andere. „Ich bin das Brot des Lebens. Ich bin das Wort des Lebens. Ich bin der Geist der Wahrheit. Ich bin das Leben. Ich bin der gute Ratgeber. Ich bin die Tür. Ich bin die Auferstehung."

Jesus Christus war sich bewusst, wer er war. Er kannte die Antwort auf die Frage „Wer bin ich?" Er kannte sein Ziel und den Zweck seiner Geburt auf diesem Planeten. Diese Selbsterkenntnis half Jesus, sich von seiner frühen Kindheit an, auf sein Ziel zu konzentrieren. Er ließ sich nie dazu verleiten, sich den Forderungen seiner Umwelt anzupassen und nach den Maßstäben anderer Menschen zu leben, von den Meinungen anderer geleitet zu werden.

Er war zielorientiert, um die Menschheit aus der Sklaverei der Sünde zu befreien. Das führte dazu, dass Jesus Christus die herausragendste Persönlichkeit war, die jemals auf diesem Planeten gelebt hat. Sein heldenhaftes Leben ist in der Heiligen Schrift beschrieben, die in alle Sprachen der Welt übersetzt wurde und die größte Auflage hatte, die es jemals in der Druckindustrie gegeben hat.

Zu entdecken, wer du bist, ist das Grundlegendste, das du über dich herausfinden kannst. Nur dann wird dein Leben nicht leer und unbemerkt bleiben. Je eher du die Antwort auf diese Frage findest, desto effektiver und erfolgreicher wird dein Leben sein.

Die Lebensgeschichten bedeutender und erfolgreicher Menschen bestätigen diese Aussagen am besten.

Steve Jobs fand früh heraus, dass seine Leidenschaft der Computer war. Er beantwortete die Frage „Wer bin ich?" folgendermaßen: „Ich bin der Mann, der dazu bestimmt ist, das Internet in die Taschen der Verbraucher zu bringen." Sein Leben blieb nicht unbemerkt, er hinterließ bleibende Erinnerungen in den Herzen vieler Menschen. Steve Jobs ging als Pionier und Erfinder in die Geschichte ein. Er hatte allein dafür gesorgt, dass die Computer-Industrie Fortschritte machte, indem er Apple II und Macintosh erschuf. Man kann sich nur schwer vorstellen, dass ein gewöhnlicher Hippie-Junge ohne höhere Ausbildung, der aus einer amerikanischen Kleinstadt kam, an der Wiege des weltweiten Computermonsters namens „Apple" gestanden hatte. Er war der jüngste Multimillionär, den die Welt schließlich als Genie, Träumer und wahren Magier der höheren Technologie anerkannte.

„Eure Zeit ist begrenzt. Vergeudet sie nicht damit, das Leben eines anderen zu leben. Lasst euch nicht von Dogmen einengen - dem Resultat des Denkens anderer. Lasst den Lärm der Stimmen anderer nicht eure innere Stimme ersticken. Das Wichtigste: Folgt eurem Herzen und eurer Intuition, sie wissen bereits, was ihr wirklich werden wollt. Alles andere ist zweitrangig."

Steve Jobs

Als er die Frage „Wer bin ich?" beantwortete, bezeichnete Bill Gates sich als Vater der Computersoftware. Weil er sein Ziel kannte, machte ihn das zum reichsten Mann der Welt. Von 1996 bis 2007 und 2009 wurde er laut Forbes Magazin als reichster Mensch der Welt bezeichnet. Im Herbst 2009 wurde sein Vermögen auf 50 Milliarden Dollar geschätzt.

Wenn man sich bewusst ist, wer man ist, wird man seine Zeit nicht verschwenden oder viel Energie für unwichtige Dinge verbrauchen. Aus diesem Grund kannst du, wenn du auf dein Ziel fokussiert bist, mehr in deinem Leben erreichen als es jeder gewöhnliche Mensch es jemals könnte.

Der berühmteste amerikanische Präsident, Abraham Lincoln, sah seine Bestimmung darin, dass er Präsident des Landes werden und die Sklaverei in Amerika abschaffen sollte. Am 1. Februar 1865 unterschrieb Lincoln den Kongressbeschluss, in dem die 13. Gesetzesänderung der Verfassung der Vereinigten Staaten eingeführt wurde, aufgrund welcher die Sklaverei abgeschafft wurde. „Die Sklaverei und Zwangsarbeit, abgesehen von den Fällen, in denen es um Strafe geht und ein Schuldiger für sein begangenes Verbrechen zu Recht verurteilt wurde, sollte es nicht geben, weder in den USA noch an anderen Orten, die unter deren Macht stehen". Seitdem wird dieser Tag als National Liberation Day in den USA gefeiert.

Weil er seine Bestimmung und sein wahres Ich kannte, gab Abraham Lincoln nicht auf, nachdem er mehrmals vergeblich versucht hatte, Präsident zu werden.

Als er sieben Jahre alt war musste seine Familie aus ihrem Haus ausziehen, weil sie nicht rechtzeitig bezahlt hatten, und er musste hart arbeiten, damit er und seine Angehörigen etwas zu essen hatten. Als er neun Jahre alt war, starb seine Mutter.

Im Alter von 22 Jahren verlor er seine Stelle als Ladenbote. Im Alter von 23 Jahren machte er Schulden, um Geschäftspartner eines kleinen Ladens zu werden.

Als er 26 Jahre alt war starb sein Geschäftspartner. Er hinterließ ihm sehr hohe Schulden, die Lincoln viele Jahre lang zurückzahlen musste.

Im Alter von 28 Jahren machte er seiner Freundin, mit der er vier Jahre lang zusammen gewesen war, einen Heiratsantrag, den sie jedoch ablehnte.

Im Alter von 37 Jahren wurde er nach drei gescheiterten Versuchen in den Kongress gewählt. Er wurde zwei Jahre lang jedoch nicht wiedergewählt.

Als Lincoln 41 Jahre alt war starb sein vierjähriger Sohn.

Mit 45 Jahren versuchte er, in den Senat zu gelangen, aber auch dieser Versuch scheiterte.

Im Alter von 51 Jahren wurde er zum Präsidenten der Vereinigten Staaten gewählt.

Wie wirst du die Frage beantworten: Wer bin ich? Hast du dir jemals diese Frage gestellt?

Dein wahres „Ich", dein Geist und deine Seele sind völlig frei davon, sich im sozialen Leben zu verstellen und Rollen spielen zu müssen, die die Gesellschaft auferlegt. Wenn du weißt wer du bist, dann macht dich das immun gegen Kritik, dann hast du keine Angst vor Prüfungen, du siehst dich nicht als besser oder schlechter als andere an.

Wenn du weißt wer du bist, dann wird dieses Wissen andere Menschen, Situationen und Umstände in deinem Leben anziehen, die deine Ziele und Ideen unterstützen.

Du kannst das als eine Unterstützung der Gesetze des Universums bezeichnen. Es ist Gottes Unterstützung.

Kapitel 2
Mache Sie sich einen Name und erkenne Sie Ihren Wert

Mache Sie sich einen Name und erkenne Sie Ihren Wert

Wer bin ich?

Du solltest diese Frage beantworten. Wenn du glaubst, nur ein fitter und starker Körper zu sein, 60 kg schwer, schöne Haare, Augen und Lippen, dann liegst du ganz bestimmt falsch. Deine Haare werden grau, dein Körper wird schlaff, was wirst du also damit anfangen? Deshalb kommen einige Menschen nicht mit dem Alterungsprozess klar. Viele Frauen werden depressiv, wenn sie alt werden, weil ihr Aussehen nicht mehr den Maßstäben der Jugend entspricht.

Frauen werden schnell abhängig von plastischen Operationen und geben viel Geld aus, um die Illusion der Jugend so lange wie möglich aufrecht zu erhalten.

Damit man am Ende seines Lebens nicht in Depressionen verfällt, sollte man sich selbst einschätzen, sich seiner Identität bewusst sein und wissen, dass man nicht nur seine Erscheinung im Spiegel ist.

Einen Menschen mit seiner äußeren Erscheinung zu identifizieren ist der erste und verbreitetste Fehler, den die Welt macht.

Was ist ein Mensch wert? Der Wert der Menschen liegt nicht in ihrer äußeren Erscheinung. Manche Frauen legen mehr Wert auf ihre äußere Erscheinung als auf ihren Geist. Sie können eine Stunde darauf verschwenden, sich die Haare zu machen, finden aber keine Zeit, um zu lesen und sich weiterzuentwickeln. Die meisten von ihnen bilden sich überhaupt nicht weiter, um ihr Wissen zu erweitern und ihre Persönlichkeit zu stärken und auf diese Weise innerlich zu wachsen. Eine solche Frau investiert ihre ganze Zeit nur für ihre Frisur, aber entfaltet ihr Inneres nicht. Wir tragen jedoch einen wertvollen Kopf auf unseren Schultern, der nicht nur für die Frisur und zur Zierde da ist, sondern um unsere Intelligenz zu entwickeln, unser Ich zu entfalten, unseren Horizont zu erweitern, Fakten und Ereignisse zu analysieren und Schlüsse daraus zu ziehen.

Mache Sie sich einen Name und erkenne Sie Ihren Wert

Du bist zuerst einmal ein Geschöpf Gottes. Er hat dich zu einem höheren Zweck geschaffen. Zweifellos wird jeder gesunde Mensch dem zustimmen. Du solltest deine Identität darauf aufbauen, dass du ein Geschöpf Gottes bist. Strebe nach den Charakterzügen unseres Schöpfers: Hoher Intellekt, kreative Denkweise, weites Denken, eine edle Seele, Gerechtigkeit, Geduld, Mut, ein siegeswilliger Geist, Tapferkeit, Ausdauer und Beharrlichkeit, um das Ziel zu erreichen.

Du bildest dir einen inneren Kern, wenn du weißt, welche Züge du von deinem Schöpfer erben willst. Deine Eigenständigkeit, deine Selbstbegutachtung und Selbstwahrnehmung hängen davon ab.

Henry Ford kam einmal, als er bereits Milliardär war, in England an. Im Auskunftsbüro fragte er nach dem billigsten Hotel der Stadt. Der Angestellte starrte ihn an: Henry war eine bekannte Erscheinung, denn die Zeitungen der ganzen Welt schrieben häufig über ihn. Nun stand er dort im Büro und trug einen Mantel, der noch älter aussah als sein Besitzer, und erkundigte sich nach dem billigsten Hotel. Der Angestellte fragte unsicher: „Wenn ich mich nicht täusche, müssen Sie Mr. Henry Ford sein? Ist es ihr Sohn, der immer in den besten Hotels übernachtet und immer gut gekleidet ist? Wie können Sie nach dem billigsten Hotel fragen und einen Mantel tragen, der so alt wie Sie zu sein scheint. Wollen Sie wirklich Geld sparen?"

„Es macht für mich keinen Sinn, in einem Luxushotel zu übernachten. Wo immer ich anhalte, ich bin immer noch Henry Ford. Sogar im billigsten Hotel bin ich Henry Ford... Mein Sohn ist zu jung und unerfahren, er hat Angst vor dem, was die Leute sagen könnten, er fürchtet sich vor ihrem Urteil, wenn er in einem billigen Hotel übernachtet. Und was diesen Mantel betrifft – ja – mein Vater hat ihn schon getragen, aber das macht nichts. Warum sollte ich neue Kleidung tragen? Ich bin immer noch Henry Ford, egal was ich anhabe! Ich habe mir einen Namen gemacht und ich kenne meinen Wert. Ich bin Henry Ford, immer und überall, alles anderes spielt nicht wirklich eine Rolle."

Er kann es sich leisten, so zu erscheinen wie er will. Er ist sich seines wahren Wesens bewusst. Er hat sich einen inneren Kern gebildet und lebt gemäß seiner Identität. Er sagte: „Ich habe mir einen Namen gemacht und ich kenne meinen Wert". Wenn du deinen Wert nicht kennst, wirst du dich unwohl fühlen, wenn du nicht so gut aussiehst oder nicht die Kleidung der neuesten Mode trägst. Wenn du aber verstehst, dass du nicht einfach nur deine äußere Erscheinung, dein Körper bist, wirst du nicht solche heftigen Gefühle in Bezug auf deine äußere Erscheinung haben. Was zählt ist das, was in deinem Inneren ist: Dein wahrer und fester Charakter und die einzigartigen Charakterzüge, die nur dir gehören.

„Ich habe mir einen Namen gemacht." Was bedeutet das?

Es bedeutet, dass ein Mensch durch den Prozess der Selbstgestaltung gegangen ist. Er überwand alle Mühen, fand eine Lösung für viele Probleme, er bildete sich weiter, übernahm Verantwortung und fand sich nicht mit den Umständen ab. Er entwickelte die Charakterzüge, die für erfolgreiche Menschen typisch sind, eine Leidenschaft für sein Tun, die Fähigkeit, den Fokus zu behalten und nie aufzugeben; er eignete sich Durchhaltevermögen, Standhaftigkeit und Ausdauer an sowie den Willen zum Erfolg. Er gewann den Kampf gegen die Angst und die Begrenzungen. Er besiegte sich selbst und machte sich einen Namen, denn niemand wird erfolgreich geboren. Erfolg erfordert eine gute Vorbereitung, und die beste Vorbereitung ist es, sich einen inneren Kern zu bilden.

Wie hat er es geschafft, sich einen Namen zu machen?

Er gab sich den ganzen Tag seiner Arbeit hin und entwickelte dabei Ausdauer und eine Engelsgeduld. Dort wo viele von uns aufhören und der Meinung sind, bereits unser Bestes gegeben zu haben, um unser Ziel zu erreichen, machte er weiter und überwand seinen Schmerz, seine Schwäche, seine Faulheit und seine Ignoranz. Wenn seine Mitmenschen versuchten, ihn klein zu machen, indem sie seine Professionalität und seine Persönlichkeit in Frage stellten, ihn demütigten und anklagten, ließ er keinen Gedanken der eigenen Bedeutungslosigkeit sein Denken gefangen nehmen, ganz im Gegenteil, er glaubte weiterhin an sich und seine Stärke. Er glaubte, dass es die Wahrheit ist, dass Menschen geschaffen wurden, um Probleme zu lösen und ihre begrenzte Natur zu überwinden.

„Wenn alles gegen dich gerichtet scheint, denke daran, dass das Flugzeug gegen den Wind aufsteigt, nicht mit dem Wind."

Vielleicht hat er keine Kurse über Selbstverwirklichung besucht, aber Verantwortung übernommen und ständig Probleme und Aufgaben gelöst, die mit seiner eigenen Lebensaufgabe im Zusammenhang stehen. Das half ihm dann, sich weiter zu entwickeln, seine Charaktereigenschaften zu entfalten und erfolgreich zu werden. So kann er behaupten, sich einen Namen gemacht zu haben.

Was entwickelst du in dir selbst? An was für Charaktereigenschaften arbeitest du? Oder hattest du noch nie Zeit gehabt, darüber nachzudenken?

> *„Denken ist die schwerste Arbeit, die es gibt. Das ist wahrscheinlich der Grund, warum ihr so wenige nachgehen."*
>
> *Henry Ford*

Jeder von uns kann sich zu einer Persönlichkeit entwickeln und wertvolle Charakterzüge entfalten, die für ein gelungenes Leben notwendig sind, genauso wie es Henry Ford getan hatte.

Wenn du nicht an dir arbeitest oder die besten Charakterzüge entwickelst, dann wirst du gezwungen sein, dich der Meinung der Menschen um dich herum anzupassen oder den Maßstäben, die dir die Gesellschaft auferlegt.

Ich möchte dir ein Beispiel geben. Ein Mädchen Namens Irina wollte so aussehen wie ein Model. Die Natur hat ihr viel Schönheit mitgegeben, die Figur eines Models, gutes Benehmen und die Fähigkeit, sich modisch zu kleiden. Sie hatte Schminkkurse besucht und konnte sich nun in perfekter Weise schminken. Ihr einziger Makel war ihr dünnes Haar. Sie entschied sich, ihre Haare abzuschneiden. Und rate einmal was geschah? Man schnitt ihr die Haare zu kurz, und so entsprach sie ihren eigenen Schönheitsmaßstäben nicht mehr. Sie bekam daher schlimme Depressionen. So lächerlich es auch scheinen mag, aber Irina machte sich tatsächlich Sorgen, dass ihre Modelerscheinung aufgrund der zu kurzen Haare massiv Schaden nehmen könnte. Ihre Depression ging weit über das Normale hinaus. Irina gab ihren Job auf und entschied sich bald darauf, ihr Haus nicht mehr zu verlassen. Sie entsprach den Schönheitsmaßstäben nicht mehr. Sie konnte sich nicht annehmen. Die Geschichte endet in einem Selbstmordversuch. Warum sollte sie leben, wenn sie sich nicht annehmen konnte? Sie konnte sich nur mit einem idealen Modelaussehen annehmen und langem Haar, das nun leider kurz war. Jeder, der Irina sah, würde sagen, dass das Mädchen wirklich hübsch war und wie ein Model aussah. Was zeigt uns das? Identifizieren wir uns nur mit unserer äußeren Erscheinung und unseren beruflichen Fähigkeiten? Warum wollen wir nicht in unsere Seele hineinsehen und erkennen, welche Züge für uns bezeichnend sind und welche wichtigen Eigenschaften uns noch fehlen?

Wir verschwenden unsere Zeit damit, unsere äußere Erscheinung den Erwartungen der Gesellschaft anzupassen anstatt unser wahres Ich, unsere Einzigartigkeit und Besonderheit zu verstehen und anzunehmen, Zeit mit uns selbst zu verbringen und zu unserer inneren Schönheit zu stehen. Wir sind geschickt darin, unseren Körper und unsere äußere Erscheinung höher zu achten als die Entwicklung unseres inneren Menschen.

Menschen versuchen, ihren inneren Kern in äußeren Dingen zu finden, der äußeren Erscheinung und Kleidung. Der innere Kern muss jedoch im Inneren gebildet werden.

Den Glanz deiner eigenen Individualität zu finden und ihn niemals erblassen zu lassen ist die wahre Grundlage, um eine wichtige Rolle im Leben zu spielen und das wichtigste Ziel.

> *„Das Hauptziel des Lebens eines Menschen ist es, sich selbst ins Leben zu rufen und das zu werden, was er werden kann, der Mensch, der er zu sein bestimmt ist. Das Hervorragendste, was aus diesem Tun hervorgeht, ist die eigene Persönlichkeit."*
>
> Erich Fromm, ein deutscher Sozialpsychologe und Philosoph

Zunächst einmal solltest du in deinem Inneren eine Persönlichkeit schaffen, das bedeutet es, dir selbst Leben zu geben.

Nur ein Mensch, der sich selbst ins Leben gerufen hat, kann einem anderen Leben geben. Deshalb ist es so wichtig für jeden Menschen, eine Persönlichkeit zu entwickeln.

Was für ein Leben hatte der bekannte Schriftsteller Paulo Coelho – der Mann, der sogar von Präsidenten zitiert wird?

Im Alter von sieben Jahren entwickelte er ein Interesse, Schriftsteller zu werden – was seinen Eltern sehr seltsam erschien.

Seine Mutter riet ihm, zunächst einmal eine höhere Ausbildung im Bereich Ingenieurwesen zu machen und in seiner Freizeit zu schreiben.

„Nein, Mutter. Ich möchte nur Schriftsteller werden und kein Ingenieur, der Bücher schreibt." Sein Kindheitstraum wurde fast 30 Jahre später wahr als er 38 Jahre alt war. Dafür gab es einige Gründe.

Seine Eltern redeten ihm in jeder Hinsicht aus, Schriftsteller zu werden. Ein „richtiger" Beruf wie der des Anwalts oder Ingenieurs war unter den Bedingungen für die britische Besatzung in den 1960ern geeigneter, weil dies ein ruhiges und stilles Leben gewährleisten könnte. Weil er dem Druck der Eltern nachgab besuchte Paulo die juristische Fakultät der Universität von Rio de Janeiro, gab sein Studium aber bald wieder auf.

Seine Eltern hatten keine Ahnung, was sie mit ihrem fehlgeleiteten und asozialen Sohn tun sollten, der alle allgemein akzeptierten Verhaltensregeln missachtete. Seine Mutter und sein Vater beschlossen, ihren Sohn in eine Psychiatrie zu schicken.

Siehst du, wie leicht es für sie war, das Leben ihres eigenen Kindes zu zerstören? Die Eltern entschieden für ihren Sohn, was aus ihm werden sollte. Als er sich ihrem Willen widersetzte, schickten sie ihn in die Psychiatrie, um seinen Geist zu brechen und ihn zu dem zu machen, was sie aus ihm machen wollten.

Liebe Eltern, zerbrecht eure Kinder nicht, lasst sie zu dem werden, was sie wirklich sind, lasst sie nicht euren Lebensweg fortsetzen, zwingt sie nicht, das Leben eines anderen zu leben.

Im Alter von 17 Jahren erlebte Paulo Coelho die medizinische Krampf- und Schocktherapie. Er versuchte, aus der Klinik zu fliehen, aber er wurde eingefangen und zurückgebracht. Er unternahm einen weiteren Fluchtversuch, zog eine Weile im Land herum, trat in die Laientheaterbewegung ein und musste dann nach Hause zurückkehren, weil ihm das Geld ausgegangen war. Wieder wurde er Patient der Psychiatrie. Insgesamt hatte Coelho sich drei Behandlungen unterziehen müssen.

In seinem Interview gestand er, keinen Groll gegen seine Eltern zu hegen, weil Anschuldigungen und Angriffe zu nichts führen. Es gelang ihm, sich mit seiner Vergangenheit zu versöhnen und sah sie als einen Teil seines Lebensweges an.

Meine lieben Leser, ihr könnt sehen, dass Hindernisse und Schwierigkeiten diesen Mann nicht zerbrochen haben und er an seinem Traum festhielt. Das nennen wir die Suche nach unserem wahren Ich. Du findest dich nicht mit den Erwartungen anderer ab, sondern folgst dem Weg, den du für dich erwählt hast. Der Mann folgte seinem Traum, weil er bereits die Frage beantwortet hatte „Wer bin ich?" und seinen Auftrag kannte.

Nach der dritten Behandlung fanden sich Coelhos Eltern mit der Tatsache ab, dass er niemals einen vernünftigen Beruf haben würde.

Coelho und seine Frau wurden 1974 in Haft genommen. Im Gefängnis wurde Coelho mehrere Male gefoltert, und er gab zu, sich dort unwürdig verhalten zu haben. Um sein Leben zu retten und aus dem Gefängnis befreit zu werden, behauptete er, tatsächlich verrückt zu sein und begann, sich verrückt zu verhalten. Er wurde für geisteskrank erklärt und freigelassen.

Paulo Coelho brauchte Jahre, um von diesen schrecklichen Erinnerungen frei zu werden. Obwohl er physisch frei war, fühlte er sich immer noch in den Ketten der Angst gefangen, was von seinem Leben hinter Gittern herrührte. In seiner heutigen Funktion als UN-Friedensabgeordneter gibt der Schriftsteller sein Bestes, um Folter zu verbieten.

Der Schriftsteller gesteht, dass es ihm gelungen ist, seine Ängste zu überwinden und dass er den Mut, den er in sich bewahrt hat, sehr zu schätzen weiß. Diesen hält er für eine seiner größten Tugenden.

Darum geht es bei unserer eigenen Entwicklung. Wir überwinden unsere Ängste und Einschränkungen, wir erobern und schaffen unser eigenes Ich; wir entwickeln die Charakterzüge, die wir brauchen, um unser Lebensziel zu erreichen, Erfolg zu haben und unseren Auftrag auszuführen.

Der zweite Roman des brasilianischen Schriftstellers „*The Alchemist*" (1988) kam innerhalb eines Jahres heraus. Ich wurde übrigens durch dieses Buch mit seinen Werken bekannt.

„Seine Bestimmung zu erfüllen ist die einzige wahre Pflicht eines Menschen." Das ist die Hauptaussage des Buches.

Bleib deinem Traum Treu

„Nur eines macht es unmöglich, dass sich dein Traum erfüllen kann, und das ist die Angst zu versagen", argumentiert der Schreiber in seinem Buch.

Auch nach der Veröffentlichung erweckte der Roman kein besonderes Interesse in der Öffentlichkeit, und die anfänglichen Verkäufe deckten nicht einmal 10 % der erwarteten Summe ab.

Zusammen mit seiner Ehefrau schickte er Kopien des Buches an einflussreiche Leute der brasilianischen Massenmedien, gab Interviews und Lesungen. Coelho kam zu einem großen Verlag, Rocco, und die erste Auflage von *„The Alchemist"*, die dieser Verlag produzierte, war schnell ausverkauft.

Schon bald schafft es Coelho auf zwei Bestsellerlisten. Sein Roman „Diary of the Wizard" (Tagebuch des Zauberers) gewann in der Rubrik "Sachbuch" und "Der Alchemist" in der Rubrik "Fiktion".

Wir sehen, dass Coelho weiterhin für seinen Traum kämpfte und sich niemals mit erfolglosen Versuchen, seine Bücher zu verkaufen, abfand. Er nahm Anstrengungen auf sich, um dafür zu werben und weigerte sich, an dessen bescheidene Beurteilungen zu glauben.

Er unternahm zahllose Versuche, um sein Buch zu bewerben, er zeigte Hartnäckigkeit und den Willen zu gewinnen. Er lebte keine falsche Bescheidenheit, denn er wusste, wer er ist, und er war sich sicher, dass sein Buch es wert ist, besser verkauft zu werden. Wenn wir wissen, wer wir sind, leben wir unsere Identität gemäß dem Plan des Schöpfers, und wir werden uns nicht mehr länger unterschätzen oder Angst haben. Wir werden handeln.

Bald stellte sich eine Erfolgswelle ein. Ein Buch nach dem anderen wurde gekauft, und Tausende kamen zu Treffen mit dem Schriftsteller, die Coelho selbst organisiert hatte. Der Schriftsteller versicherte, dass die spekulative Nachfrage nach „Der Alchemist" nicht künstlich von den Verlagen herbeigeführt worden war.

Coelho wurde zu einem der beliebtesten Schriftsteller unserer Zeit, weil er aufrichtig mit seinen Lesern redet und wichtige Themen anspricht.

Das Geheimnis seines Erfolges ist, dass er keine Angst hatte, seinen Kindheitstraum Schriftsteller zu werden umzusetzen, auch nicht, als er schon erwachsen war.

Wie viele von uns haben nicht einmal einen eigenen Traum?

Die meisten von uns versuchen, nach den Maßstäben der Gesellschaft zu leben, das Leben eines anderen zu leben, ohne dabei zu versuchen, zu dem zu werden, was wir wirklich sind. Coelhos Eltern hatten versucht, einen Ingenieur aus ihm zu machen. Um ihr Ziel zu erreichen gingen sie so weit, ihn in eine Psychiatrie zu stecken. Was für eine Hölle aus Ignoranz, die sich unter der Maske von Liebe und Fürsorge versteckte!

Wenn schon unsere Eltern uns so behandeln können, kann unser Umfeld und die Gesellschaft umso mehr versuchen, uns unter Druck zu setzen, damit wir so werden, wie sie uns haben will. Unsere Aufgabe ist es, dem nicht nachzugeben und uns nicht brechen zu lassen, sondern das zu bleiben was wir sind. Deshalb solltest du wissen wer du bist. Dieses ganze Kapitel und dieses ganze Buch sagen dir etwas dazu.

> *„Es bringt nichts, der sich verändernden Welt nachzugeben, lass sie uns nachgeben, eines Tages wird sie uns nachgeben."*
>
> Andrej Makarevich, sowjetische und russische Rockmusiker und Gründer der russischen älteste noch aktive Rockbands Masjina vremeni (The Time Machine).

Deshalb sollte dir dieses Buch dazu nutzen, Zeit für dich selbst zu finden und herauszufinden, wer du wirklich bist.

Lieber Leser, es mag dir immer noch schwer fallen, die Frage „Wer bin ich?" zu beantworten, aber es gibt Dinge, die dir zu mehr Wissen über deine soziale Rolle, Funktion, Charakterzüge, Stammbaum usw. verhelfen.

Am Ende dieses Kapitels wirst du praktische Aufgaben finden. Wenn du diese ausführst, wird dir das helfen, die Antwort zu finden.

Der zweite wichtige Punkt ist, dass es wichtig ist zu wissen, zu welchem Zweck man auf diesem Planeten lebt. Wenn du es noch nicht verstanden hast, musst du den zweiten Teil des Buches lesen und alle praktischen Tests dazu durchführen. Einer der wichtigsten Schlüssel, um den Sinn deines Lebens zu verstehen, ist dir eine Frage zu stellen: „Was tue ich am liebsten?" Wenn du dich dieser Tätigkeit hingeben kannst, nicht für Geld, sondern um dein Potenzial zu entfalten, dann muss dies deine Bestimmung sein.

Wenn du weißt, wer du bist und weißt, dass du für ein Ziel lebst, dann spielt es keine Rolle, ob die Menschen dir Komplimente machen oder nicht, ob du heiratest oder nicht, weil du auf solche Kleinigkeiten nicht reagieren wirst – du hast eine wichtige Mission im Leben.

Wir sind nicht dazu geschaffen, eine Biomasse zu sein.

Du bist nicht nur ein Körper, der geboren wurde, so wie es bei den Tieren ist. Wir sind Menschen, und wir gehören zu einer anderen Wesensklasse, einem denkfähigen Wesen. Also schalte deinen Verstand ein! Ändere dein Denken!

Du wurdest nicht nur geboren, um einen Baum zu pflanzen, zu heiraten und einem Sohn oder einer Tochter Leben zu geben. Tiere bekommen auch Kinder. „Ich bin ein Mensch und ich wurde mit einem Auftrag geboren; es gibt ein Ziel für mein Leben, ein Schicksal, es gibt etwas, das kein anderer tun kann."

Während du darauf fokussiert bist, eine Familie zu gründen, Kinder zu bekommen, sie zu ernähren, in den Kindergarten, in die Schule, auf die Universität zu schicken, aber nie einen Kern in ihrem Inneren bildest, verschwendest du nur ihre Zeit. Wie traurig zu denken, dass wir nur geschaffen wurden, um uns zu reproduzieren, dass das Ziel unseres Lebens erreicht ist, wenn wir Kinder geboren haben, denn das macht uns den Tieren ähnlich, die ebenfalls Kinder haben.

Was ist eine Biomasse? Eine Biomasse ist, wenn ein Mensch aufgezogen und dabei nur auf die Pflege seines Körpers und die äußeren Aspekte des Lebens achtet. Bevor wir anfangen, Werte zu schaffen, zielgerichtet und systematisch, sind wir keine Menschen, sondern nur eine Biomasse.

Auch mit 30, 40 oder 50 Jahren kann ein Erwachsener noch immer auf der Ebene einer Biomasse leben. Die niedrigste Ebene des menschlichen Lebens ist die Biomasse, wenn ein Mensch sich auf Dinge verlässt, die nur ein Kind bekommt. Vom Moment seiner Geburt an, in seiner Entwicklung und seinem Wachstum, lebt ein Kind mit seinem Instinkt und seinen Reflexen, damit seine Bedürfnisse gestillt werden. Deshalb braucht es die Fürsorge und die Weisheit seiner Eltern. Leider leben auch Erwachsene oft auf dieser mentalen Ebene, ohne ihr Ziel zu verstehen, ohne etwas über sich selbst, ihre Struktur und ihr göttliches Potenzial zu wissen.

Ein Mensch der auf der Ebene einer Biomasse lebt, wird:

- Attraktive Kleidung tragen
- Sich der verändernden Mode und den Schönheitsmaßstäben anpassen
- Sich den Maßstäben anpassen, wie sie von seinem Umfeld und der Gesellschaft verlangt werden

Ein solcher Mensch wird alles tun, um von der Gesellschaft akzeptiert zu werden – es ist der Selbsterhaltungstrieb. Ein Mensch, der eine Biomasse ist, lebt gemäß seiner Instinkte, er versucht, gut auszusehen und sich gut zu benehmen. Er hat jedoch Angst, seine Meinung zu sagen und in der Öffentlichkeit zu sprechen. Ein solcher Mensch ist nicht in der Lage oder hat Angst, gründlich zu reflektieren oder zu analysieren, denn sein Handeln beruht tatsächlich nur auf dem Selbsterhaltungstrieb, damit er in seinem Umfeld und der Gesellschaft überleben kann.

Leben im Stil aller anderen

Auf dieser Bewusstseinsebene wird man nur auf Anreize reagieren, wie z. B. Schimpfen oder Schläge. Die Reaktion erfolgt dann durch Reflexe und Instinkte. Ein solcher Mensch denkt nicht logisch, er kann nicht analysieren oder Schlüsse ziehen. Er macht nach was er sieht. Wenn er z. B. sieht, dass alle arbeiten gehen, wird er das auch tun. Wenn er sieht, dass alle heiraten und Kinder haben, wird er versuchen, dasselbe zu tun. Für einen denkenden

Menschen dagegen ist es das Hauptanliegen, sich von innen heraus zu entwickeln. Dann erfährt der Charakter unsichtbare Veränderungen, wodurch sich die Werte und das Verhalten verändern, was Auswirkung auf das hat, was im Leben erreicht wird. Das nächste Zitat eines großen Sophisten bestätigt und erklärt diese Vorstellung.

„Das Wichtigste ist unsichtbar."

Antoine de Saint-Exupéry

Jeder Mensch wurde als Individuum geschaffen, als Persönlichkeit mit einer besonderen Gabe. Er wurde geschaffen, um in dem Bereich, der seiner Gabe entspricht, zu regieren, auf dieser Weise der Menschheit zu dienen und dazu beizutragen, dass sich die Wissenschaft, Kunst, Medizin oder Wirtschaft weiterentwickeln kann. Jeder hat besondere Gaben und Talente, welcher der Menschheit von Nutzen sein können. Jeder hat eine einzigartige Gabe oder Talent, und es ist unsere Aufgabe, dieses zu entdecken. Der Schlüssel zu deinem Erfolg auf Erden ist, zu entdecken, auf welchem Gebiet deine Gabe liegt. Deine Gabe ist nicht, was du tust, sondern was du bist. Dein Reichtum liegt in deinem Talent, und deshalb wirst du arm bleiben, bis du zu dir selbst gefunden hast. Deine Gabe wird dir Raum in der Welt verschaffen. Du entdeckst deine Gabe, und die Welt wird beginnen, nach dir Ausschau zu halten.

Nutzte eine scheinbar negative Situation zu deinem Vorteil

Robert Kiosaki erzählt uns eine schöne Geschichte, wie er seine Gabe entdeckt hat. Als Robert 9 Jahre alt war, machte er die Bekanntschaft mit dem Vater seines Freundes Mike. Bald wurde er von ihm im Bereich Finanzen ausgebildet. Auf eigenen Wunsch lernte er weitere 30 Jahre lang von ihm. Er ist der Mann, den Robert später als „der reiche Papa" bezeichnete. Dieser „Papa" gab Robert wertvollen Rat in Angelegenheiten, die das Geld betrafen.

Später gründete Kiosaki seine eigene Firma, die Nylon-Geldbeutel verkaufte. Dieses Produkt war ein vorragender Anfang für Roberts berufliche Karriere und brachte ihm erst einmal ein gewisses Einkommen ein.

Als das Geschäft jedoch nicht so erfolgreich wurde, gab Kiosaki zu, zeitweise gewisse Fehler gemacht zu haben, so wie es andere Geschäftsleute auch tun. Das könnte ihn dazu motiviert haben, eine Buchserie über Finanzen zu schreiben, um Leuten zu helfen, nicht dieselben Fehler zu wiederholen.

Lieber Leser! Dieser Mann nutzte eine scheinbar negative Situation zu seinem Vorteil. Dies ist eine Lektion für unser Leben und unseren Erfolg. Was auch immer für Situationen in deinem Leben auftreten, ziehe die richtigen Schlüsse und konzentriere dich nicht auf deine Misserfolge, habe eine positive Einstellung zu allem was geschieht und betrachte es als Erfahrung.

Weil er an der Börse spekulierte und manchmal falsche Investitionen tätigte, verlor Robert sein Geld. Sein Geschäft zerbrach. Weil er aber wie ein erfolgreicher und reicher Mann dachte, gab er nicht auf. Der Misserfolg motivierte ihn dazu, das Ziel seines Lebens aus einem anderen Blickwinkel zu betrachten. Er dachte daran zurück, wie nützlich die Lektionen des „reichen Papas" in seiner Kindheit gewesen waren. Er verstand, wie viele Menschen nicht die Chance hatten, ein wenig finanzielles Bewusstsein gelehrt zu bekommen. Robert fand zu sich selbst und lebte seine Identität: Er hatte eine Gabe, Menschen im Geschäftswesen zu unterrichten. Jetzt hatte er ein Ziel. Die praktische Erfahrung, die er durch die Lektionen beim „reichen Papa" und durch seine eigene Firma gewonnen hatte, halfen ihm, dieses Ziel zu erreichen. Er zog aus den negativen Situationen, die sich ereignet hatten, die richtigen Schlüsse. Diese Schlussfolgerungen brachten ihn auf die Idee, eine Schule für Finanzen für Geschäftsleute zu eröffnen.

Lieber Leser! Bei jedem von uns kann etwas schieflaufen. Das Wichtigste ist deine Einstellung dazu. Die negative Situation, die aufgetreten war, brachte Robert Kiosaki dazu, seine Bestimmung zu erfüllen. Auch du solltest darauf achten, was dir geschieht und die richtigen Schlüsse daraus ziehen. Denke an deine Umstände. Was wenn dein Misserfolg einen Schlüssel zu deinem Erfolg und deiner Bestimmung enthält? Was wenn schwere Zeiten dir kostbare Erfahrungen vermitteln, die auch anderen Menschen helfen können? Wenn es einem Menschen gelingt, Zitronen in Limonade zu verwandeln, dann kannst du das auch. Gehe einfach mit weit offenen Augen durch dein Leben und reagiere nicht auf Misserfolge, indem du in Emotionen ausbrichst, sondern sieh vielmehr die Gelegenheiten, die mit einem jeden Problem einhergehen, das dir begegnet.

Robert arbeitete hart und verdiente sich allmählich einen Platz an der Sonne. 1985 arbeitete Robert, der als der „Tutor der Millionäre" bekannt war, mit Sharon Lecter zusammen, um die Ausbildungsfirma „Rich Dad's Organization" zu gründen.

Das Hauptziel dieses Projektes war es, jungen Menschen finanzielles Bewusstsein beizubringen.

Heute ist Robert ein erfolgreicher Business-Berater. Er lehrt Leute, finanziell unabhängig zu werden. Immer wieder sagt er als erstes, dass man selbst an seinen Erfolg glauben muss, denn erst dann wird die Welt daran glauben.

Robert Kiosaki ist der Autor von mehr als 15 beliebten Büchern, die in einer Auflage von 26 Millionen verkauft wurden. Alle Bücher von Kiosaki sind sehr motivierend und erwecken den Wunsch im Leser, zu handeln und sein Leben zu verbessern.

Die Erfahrung, die Robert nach seinem Misserfolg erlangt hat, hilft nun anderen Menschen, frei von finanzieller Unwissenheit zu werden.

Die Lektionen des „reichen Papas", der Zusammenbruch seines Geschäfts, der Vietnamkrieg, der für ihn eine Schule für Mut und Beharrlichkeit war – all diese Prüfungen halfen Robert, die Eigenschaften zu entwickeln, die zu einem erfolgreichen Menschen gehören. Beharrlichkeit, Ausdauer, Mut und der Wille zu gewinnen.

Was für Eigenschaften hast du entwickelt? Wie gehst du mit deinen Misserfolgen um? Ziehe die richtigen Schlüsse. Wenn man durch schwere Zeiten geht, kann man die Eigenschaften eines erfolgreichen Menschen entwickeln. Wenn man eine gewisse Erfahrung erlangt hat, kann man anderen helfen und seine eigene Bestimmung und einzigartige Gabe entdecken.

Robert stimmte folgendem zu: „Die Welt außerhalb des Stalls sieht beängstigend aus. Dort ist es schwer, einen Job zu finden, Geld zu verdienen und Gelegenheiten zu bekommen. Ich kann dir aber versichern, dass das Leben außerhalb des Stalles hell und lebendig ist, voller Optimismus und Energie, und dass es Massen an Gelegenheiten gibt." Dein Lebensziel und dein Auftrag sind es, deine Gabe zu entdecken, zu dem zu werden, wozu du geschaffen bist und mit deinen Gaben der Menschheit zu dienen, den Fortschritt zu fördern und die Menschheit genauso zu beeinflussen wie es Bill Gates, Steve Jobs, Abraham Lincoln und Jesus Christus taten.

Zu dem zu werden, was dem eigenen Potenzial entspricht

Sich selbst Leben zu geben bedeutet, zu dem zu werden, was dem eigenen Potenzial entspricht, d.h. sein Potenzial einzusetzen. Jeder Mensch hat es in sich, aber nur ein paar schaffen es, es auch einzusetzen. Das Wichtigste, was ein Mensch bei all seinen Bemühungen erreichen kann, ist das was er in Bezug auf seine eigene Persönlichkeit erreicht.

Wenn wir die Frage „Wer bin ich?" beantworten wollen, müssen wir die folgenden Schlüsse ziehen:

1. Du bist nicht dein attraktives Äußeres und nicht dein Körper. Deine Identität ist es nicht, Manager, Ehefrau, Mutter oder Programmierer zu sein.

2. Du solltest in dich gehen und deinen inneren Menschen betrachten, verstehen, was in deinem Inneren ist, wo dein Reichtum liegt. Im Moment kannst du schwach oder stark, selbstbewusst oder gehemmt, voller Liebe oder Ärger sein. Du solltest dich selbst, deine Reaktionen, Gewohnheiten und Verhaltensmuster aufdecken. Analysiere dich ganz genau. Du bist ein Mensch, der ein Geschenk von seinem Schöpfer erhalten hat, was aber noch nicht entdeckt und richtig gestaltet worden ist (viele Faktoren haben unser Ich verzerrt, aber es kann korrigiert werden!)

3. Nun kannst du versuchen, dich zu verändern und die negativen Charakterzüge durch Charakterzüge ersetzen, die du gern hättest. Wenn du an dir arbeitest, wirst du ein neues Bild von dir bekommen.

4. Du bist ein System von Werten und Überzeugungen, das du für dich beschlossen und in deinem Inneren gebildet hast. Wenn du ein Wertesystem aufbauen möchtest, dann brauchst du dafür Zeit und Ausdauer.

5. Um deine Bestimmung zu entdecken musst du verstehen, für was für ein Ziel du geschaffen wurdest.

6. Einer der wichtigsten Schlüssel, die dein Lebensziel bestimmen, ist die Frage: „Was ist meine Lieblingsbeschäftigung?" Wenn du dieser Beschäftigung deine Zeit und Energie widmen kannst, nicht um des Geldes Willen, sondern um dein Potenzial zu entfalten, dann ist diese Beschäftigung deine Bestimmung.

Goldene Wahrheiten

1. Wer bin ich? Diese erste Frage ist die schwierigste und wichtigste von allen. Du wirst jemand anders sein bis du sie beantwortet hast. Die meisten Menschen spielen die Rollen eines anderen, tragen Masken anderer Menschen, weil sie nie darüber nachgedacht haben, wozu sie geschaffen sind.

2. Je eher du diese wichtige Frage „Wer bin ich?" beantwortest, desto effektiver und erfolgreicher wird dein Leben sein.

3. Du bist eine Schöpfung Gottes. Er schuf dich für seine höhere Bestimmung.

4. Wir sind nicht dazu bestimmt, eine Biomasse zu sein.

5. Du bist nicht geboren worden, um einen Baum zu pflanzen, zu heiraten und Kinder zu haben. „Ich bin ein Mensch, und ich wurde mit einer Mission geboren. Ich wurde mit einem Ziel geboren. Ich habe einen Auftrag und es gibt etwas, das niemand außer mir tun kann."

6. Du bist ein Mensch durch die Kraft deines Geistes, inneren Kerns, deiner Werte und Prinzipien, auf denen dein Leben basiert.

7. Die Werte, die du für dein Leben wählst und die Priorität, die du ihnen zumisst, gehen deiner Zielsetzung voraus. Es ist wichtig, einen inneren Kern zu bilden, sich Glaubensüberzeugungen und Werte für das Leben zu schaffen.

8. Der sichtbare Erfolg ist das Ergebnis dessen, was du an deinem Innern getan hast. *„Das Wichtigste ist unsichtbar"*. Antoine de Saint-Exupéry

Test zur Selbsteinschätzung

1. Worauf achtest du mehr – auf deine äußere Erscheinung oder auf die Entwicklung deiner Seele?

a) Ich versuche, gut auszusehen und gute Kleidung zu tragen, um einen guten Eindruck zu machen. (0)

b) Ich versuche, mich der Mode und den Maßstäben der Gesellschaft anzupassen, aber ich vergesse dabei auch meine Seele nicht. (1)

c) Ich widme den Großteil meiner Zeit der Weiterbildung und Weiterentwicklung. (2)

2. Hast du dein eigenes Werte- und Glaubenssystem?

a) Dafür habe ich keine Zeit. (0)

b) Ich habe diese Aufgabe bei einem Seminar über persönliches Wachstum erledigt. (1)

c) Ja, ich habe ein Werte- und Glaubenssystem. (2)

3. Kannst du sagen, dass du in dir einen inneren Kern gebildet hast?

a) Ich habe noch nicht darüber nachgedacht. (0)

b) Ich bin an dem Thema persönliches Wachstum interessiert, aber ich habe mir noch nicht gezielt einen inneren Kern gebildet. (1)

c) Ja, ich arbeite zielgerichtet, um meinen inneren Kern zu bilden. (2)

4. Hast du schon einmal deine Bushaltestelle verpasst, weil du in Gedanken warst, oder warst du während eines Treffens abgelenkt und hast die Frage verpasst, die man dir gestellt hat?

a) Ja, das passiert mir oft. (0)

b) Es passiert mir, aber ich arbeite daran, bewusst zu leben. (1)

c) Ich bin immer im Hier und Jetzt. (2)

5. Kannst du in der Öffentlichkeit deine Meinung sagen und sie verteidigen, auch dann wenn dich niemand unterstützt?

a) Nein, ich bin kein eingefleischter Polemiker. (0)

b) Es fällt mir schwer, meine Meinung laut auszudrücken, aber ich arbeite daran. (1)

c) Ich kann meine Meinung offen sagen und sie auch verteidigen, selbst wenn alle gegen mich sind. (2)

6. Analysierst du dein Verhalten, stellst du dir Fragen wie: „Warum reagiere ich so?"

a) Ich bin sehr beschäftigt und habe für so etwas keine Zeit. (0)

b) Manchmal analysiere ich mein Verhalten und stelle mir solche Fragen. (1)

c) Ja, ich analysiere mein Verhalten. (2)

7. Bildest du dich weiter und arbeitest an dir?

a) Ich habe meine Erziehung und Ausbildung schon hinter mir. (0)

b) Ich lese Bücher in meiner Freizeit. (1)

c) Ich arbeite ständig an mir selbst und bilde mich weiter. (2)

Testergebnisse

0 – 4 Punkte – Es tut uns leid für dich, denn du hast dir noch nicht die Frage gestellt: „Wer bin ich?" und kennst die Antwort noch nicht. Du musst daran arbeiten, ständig bewusst zu leben, im Hier und Jetzt zu sein. Schaffe dir dein Wertesystem und deine eigenen Überzeugungen. Arbeite daran, deine Willenskraft zu entfalten, deine Ausdauer und Beharrlichkeit, damit du dein Ziel erreichen kannst.

5 - 9 Punkte – Du hast bereits über die lebenswichtige Frage nachgedacht: „Wer bin ich?", aber du kennst die Antwort noch nicht. Teilweise lebst du im Zustand des aktiven Bewusstseins und hast sogar dein eigenes Wertesystem. Du musst noch mehr an dir arbeiten, dich weiterbilden und gezielt deinen inneren Kern bilden. Das wird dir den Erfolg und die Verwirklichung deiner Pläne garantieren.

9 − 12 Punkte – Wir freuen uns für dich! Du weißt, wer du bist und du hast die wichtigste Frage beantwortet. Du lebst immer im aktiven Bewusstsein; du hast dir dein Wertesystem und deine eigenen Überzeugungen geschaffen, verstanden, wo dich Überzeugungen einschränken und daran gearbeitet. Du hast dir einen inneren Kern und eine reife Persönlichkeit gebildet. Du bist in der Lage, den Auftrag deines Lebens auszuführen und deine Bestimmung zu erfüllen.

Praktische Aufgaben

1. Um die Frage zu beantworten „Wer bin ich?" wird es dir helfen, mehr über deine soziale Rolle, deine Funktionen, Charakterzüge, deinen Stammbaum etc. zu erfahren.
2. Suche im Lexikon nach der Bedeutung deines Namens und Vornamens.
3. Denke über Folgendes nach: „Wer ist meine Familie, was für erstaunliche Dinge gibt es in meiner Familie, was unterscheidet sie von anderen, aus was für einer Familie stamme ich, und was für Möglichkeiten bietet mir das?"
4. Versuche, einen Stammbaum zu erstellen mit Fotos, Namen, Berufen oder Charakterzügen, die in deiner Verwandtschaft vorherrschen.
5. Vielleicht möchtest du einfach mal die sozialen Rollen und Funktionen, die du ausführst, beschreiben. Wie z. B. Mutter oder Vater, Pastor, Geschäftsmann, Politiker, Verkäufer usw. – das hilft dir dabei, deine eigene Identität zu finden. Liste alles auf, was du erlebst! Dein Ziel ist es, eine möglichst ausführliche Antwort auf die Frage „Wer bin ich?" zu finden. Denke daran, je mehr Mühe du dir gibst, desto mehr wirst du über dich selbst lernen, und desto mehr Fortschritte machst du auf dem Weg, um deine Bestimmung zu erfüllen.

Kapitel 3

Was kann ich tun?

Eine Frage des Potenzials

Was kann ich tun? Eine Frage des Potenzials

Das menschliche Potenzial ist die Fähigkeit einer Person (eines Individuums) oder der Menschheit (eine Gruppe von Individuen) ihre theoretischen Fähigkeiten in die Praxis umzusetzen.

Das Wort „Potenzial" kommt vom lateinischen Wort „potentia", was „Stärke" bedeutet. In der modernen russischen Sprache wird Potenzial als eine versteckte Gelegenheit, Fähigkeit und Stärke definiert, das sich unter bestimmten Umständen zeigen kann (das große sowjetische Lexikon).

Das bedeutet, dass eine große Kraft, Energie und Fähigkeit in uns liegt, die die Welt noch nicht erkannt hat. Gaben und Talente die noch nicht genutzt wurden, und Kraft, die noch nicht eingesetzt wurde. Wir besitzen also etwas sehr Wertvolles, für das wir in diesem Leben noch keine Anwendung gefunden haben. Das, was du schon getan hast, erreicht hast und dir eröffnet hast ist nicht dein Potenzial. Aber die Gaben und Talente, die in dir angelegt sind und die noch nicht eingesetzt worden sind, stellen dein Potenzial dar.

Jeder von uns hat verschiedene Gaben und Talente. Deine Bestimmung, deine besonderen Gaben, persönlichen Qualitäten und dein Potenzial hängen zusammen. Wie schon große griechische Philosophen sagten, kannst du dich selbst nicht wirklich kennen, ohne deine Bestimmung zu kennen. Um deine Mission aber schließlich erfüllen zu können, musst du die einzigartige Gabe kennen, die in dir angelegt ist.

Du bist ein besonderer und einzigartiger Mensch, du hast vorher nie gelebt und wirst auch in Zukunft nie wieder leben.

Schau dir deine Einzigartigkeit an und finde heraus, was dich von den Milliarden anderer Menschen unterscheidet, die auf diesem Planeten leben. Finde selbst deine einzigartigen Wesenszüge heraus. Werde du selbst.

Du wirst nur in dem Bereich Erfolg haben, in dem deine Gaben liegen. Du wirst nur Einfluss und Macht im Bereich deiner Gaben und Talente haben. Der Schlüssel zu deinem Erfolg in dieser Welt ist es, deine Gaben zu entdecken. Deine Gabe ist nicht das, was du tust, sondern was du wirklich bist.

Das was dir im Leben weiterhelfen wird, liegt in deinen Gaben. Bevor du also zu dir selbst findest, wirst du arm sein. Die Heilige Schrift lehrt uns, dass die Gabe eines Menschen ihm den Weg eröffnet und ihn mit bedeutenden Menschen in Kontakt bringt, auf der ganzen Welt. Weder die Erziehung noch der gute Name eines Menschen, noch seine Hautfarbe, seine Rasse, sein Job, seine Karriere oder sein Ursprung, sondern seine Gabe werden ihm eine freie Bahn ins Leben verschaffen. Wenn du deine Gabe entdeckst, wird die Welt nach dir suchen.

Jeder von uns hat die Fähigkeit

- etwas zu schaffen;
- etwas zu erfinden;
- zu träumen;
- etwas aufzubauen.

Ein Kind wird mit einem Gewicht von etwa 3 kg geboren und wächst schließlich zu einem Gewicht von 90 oder sogar 100 kg heran.

Es liegt eine verborgene Energie in einem Kind, die in allen Wachstums- und Entwicklungsbereichen (Wachstum der Muskeln, Knochen usw.) wirkt. All das macht die verborgene Energie aus.

Verborgene Energie ist in Pflanzen gespeichert. Aus einem Samen wächst ein Baum, aus einem Baum wird ein Wald. Aufgrund der verborgenen Energie reproduziert ein Tier eine ganze Herde ähnlicher Wesen, und ein Vogel reproduziert einen ganzen Schwarm.

Alles hat eine latente Energie

Das kann man sogar daran sehen, wie unsere Haare nachwachsen, nachdem man sie vor einer Woche oder einem Monat hat schneiden lassen.

So gibt es in einem jeden Menschen und allen unseren Lebensbereichen eine verborgene Energie.

Wir können in unserem Inneren eine verborgene Energie entdecken.

Jeder von uns hat eine verborgene Energie, und diesen unsichtbaren „Schatz" müssen wir entdecken, durch

- Konzentration
- Zielorientierte Arbeit an uns selbst

Wir können mehr erreichen als wir uns wünschen, wenn wir weniger abgelenkt sind von dem Trubel des Lebens und uns mehr auf die Entfaltung der Eigenschaften unserer Seele und unseres Charakters konzentrieren. Alle bedeutenden und erfolgreichen Menschen taten folgendes: Sie verbrachten Zeit alleine, um ihre Gabe zu entfalten.

Selbst wenn du heute ein Verlierer bist, heißt das nicht, dass du dich nicht ändern kannst. Das wichtigste Werkzeug hast du bereits – Arbeit.

Wenn du also an dir arbeitest

- intellektuell,
- geistlich,
- physisch

wirst du dein Potenzial erkennen können.

Stephen King hat 350 Millionen Exemplare seiner Bücher verkauft. Wie? Er wurde zum Sklaven seiner Gabe, seines Talentes. Das ist wunderbar! Er ist kein Sklave der Umstände oder der Menschen. Er schreibt jeden Tag zehn Seiten Text ohne Mittagspause, unabhängig von Feiertagen und Wochenenden. Thomas Edison arbeitete 18 Stunden am Tag. Weil er seiner Gabe so hingegeben war, führte das dazu, dass 1093 U.S. Patente auf seinen Namen angemeldet wurden, sowie viele Patente im Vereinten Königreich, Frankreich und Deutschland.

Es ist nicht leicht – es ist harte Arbeit. Edison war in der Lage, durch Schmerz und Leid zu gehen, uns sich seiner Gabe hinzugeben. Dadurch wurde er zu dem, wie wir ihn kennen – ein großartiges Genie eines Erfinders.

Alle diese bedeutenden Persönlichkeiten verstanden wer sie waren, entdeckten die einzigartigen Züge ihrer Persönlichkeit, ihre besonderen Gaben, ihre Bestimmung. Sie dienten mit ihrer Gabe und brachten der ganzen Menschheit Fortschritt.

Nachdem du dich deiner Gabe hingegeben hast, wirst du bekannt und einflussreich werden, Menschen werden nach dir Ausschau halten und dich einladen. Du wirst vernünftig bezahlt werden, weil du deine Gabe entfaltet hast.

Wer bedeutend und einflussreich werden will sollte bereit sein, den höchsten Preis zu zahlen, um seine Gabe zu entfalten und sich dieser ganz hinzugeben.

Was bedeutet es, sich seiner Gabe hinzugeben? Es bedeutet, sich der Weiterbildung und der Arbeit an sich selbst zu widmen, genügend Zeit dafür zu investieren, die eigene Gabe zu entfalten.

Du magst tatsächlich talentierter sein als Leonardo da Vinci, Leo Tolstoy, Oprah Winfrey oder Steve Jobs es waren. Ich meine natürlich potenziell. Aber die Welt wird nie etwas von dir erfahren, weil du nicht zum Sklaven deiner Gabe geworden bist. Du hast keine schlaflosen Nächte über Manuskripten verbracht, du warst nicht restlos erschöpft, du hast nicht hart genug gearbeitet, und du hast dein Potenzial nicht bis zum äußersten aus dir herausgepresst. Du warst nicht kühn, du bist kein Risiko eingegangen, du hast nicht deine eigenen Grenzen überschritten. Du bist nicht den ganzen Tag alleine in deinem Laboratorium geblieben so wie Thomas Edison und hast dabei alles andere vergessen, um ein neues Produkt zu schaffen.

Michael Jordan ist ein herausragender Sportler und Basketballspieler, der zehn Jahre lang sehr gute Ergebnisse und mehrere Weltrekorde erreicht hat, was andere Sportler bisher nicht übertreffen konnten. Er hat seine Gabe entwickelt, und deshalb ist er auf der ganzen Welt bekannt.

Michael Jordan sagt über sich selbst: „Als ich ein kleiner Junge in der Schule war, wurde mir gesagt: „Du wirst niemals Basketball spielen. Du bist zu dünn, deine Bewegungen sind nicht richtig koordiniert, du kannst nicht vernünftig denken, du wirst auf dem Feld keinen Erfolg haben." Aber ich war besessen von Basketball. Jeden Morgen wachte ich um 5 Uhr auf, ging zum Training, wo ich vor Schulbeginn drei Stunden lang den Ball warf. Im Dunkeln waren überall Kakerlaken und Ratten, aber jeden Morgen ging ich, mit Tränen in den Augen, wieder zum Training und verbesserte meine Bewegungen. Drei Jahre lang trainierte ich jeden Tag. Einmal verstauchte sich ein Mann im Team seinen

Knöchel und konnte deshalb nicht mehr spielen. Sie riefen nach mir. „Komm her, kannst du spielen?" Ja, das konnte ich. „Also, komm, ersetze ihn!" Ich ging auf das Feld und begann, den Ball in den Korb zu werfen. Alle am Ort brachen in Jubel aus: „Wow! Weiter so!" Der Coach sagte: „Bleib im Feld, WIR WERDEN FÜR DICH EINEN PLATZ IM TEAM FINDEN!"

Nun wird ihm 30 Millionen $ gezahlt, nur damit man seinen Namen benutzen darf, aber das GEHEIMNIS SEINES ERFOLGES liegt darin, dass er seine Gabe perfektioniert und MIT ALLER KRAFT AN SICH GEARBEITET HAT.

Michael hat herausgefunden wer er ist, seine Gabe entdeckt und es geschafft, sie fast perfekt zu machen. Nun erfüllt dieser Mensch, der sich so gut entwickelt hat, seinen Auftrag, spielt Basketball, genießt das Spiel und macht anderen Menschen Freude. Viele von uns werden nie erkennen, wer sie sind, weil wir nicht durch den Schmerz und die Prüfungen gehen wollen.

Wer von uns wird sich bewusst dafür entscheiden, Schmerz und Unbequemlichkeit zu erleiden? Es ist viel leichter, vor dem Fernseher zu sitzen und Leuten wie Michael Jordan zuzusehen. Du fühlst dich jetzt zwar besser, aber das ist nur vorübergehend, denn am Ende deines Lebens wirst du es bedauern. Jeder Mensch hat das Bedürfnis, in irgendetwas Bedeutung zu erlangen.

Allerdings wollen wir den Schmerz nicht aushalten, der uns hilft, unsere Fähigkeiten einzusetzen. Es ist aber tatsächlich eine Wahrheit des Lebens, dass fast alles, das wir durch Schmerz erreichen, für uns die beste Medizin ist, denn die meiste Medizin ist bitter. Wir essen nicht gern Salat, weil wir keine Tiere sind, die Pflanzen essen. Kuchen und Süßigkeiten schmecken viel besser. Tatsächlich sind diese Produkte jedoch am gefährlichsten für unsere Gesundheit. Salat schmeckt nicht besonders gut, ist aber sehr nützlich. Er ist bitter, aber gesund. Ähnlich ist es mit unserer alten Natur, das meiste, was für sie „bitter" ist, wird für unsere Zukunft nützlich sein. Wenn wir daran arbeiten, unsere Gabe zu perfektionieren und den Schmerz der Selbstdisziplin zu überwinden, dann erreichen wir unsere Ziele und bewegen uns auf unsere Träume zu.

Jeder von uns muss seine eigene spezielle Gabe herausfinden und sie perfektionieren, sich darauf fokussieren und sich niemals davon ablenken lassen, seine Bestimmung zu leben.

Man sollte nicht zu klein denken. Du bist ein Geschenk für den ganzen Planeten Erde. Sterbe nicht, ohne erkannt zu haben, wer du bist, in dir ist etwas, das die ganze Welt braucht.

Der Neurologe Daniel Levitin schreibt: „*Nach unzähligen Studien haben wir die folgende Regel erkannt: Egal für welches Gebiet man sich entscheidet, um das Niveau zu erreichen, das dem Status eines Experten von Weltklasse angemessen ist, benötigt man 10.000 Übungsstunden. Egal auf wen man das bezieht – Komponisten, Basketballspieler, Schriftsteller, Skater, Pianisten, Schachspieler, unverbesserliche Kriminelle usw., diese Zahl trifft mit einer überraschenden Regelmäßigkeit zu. Zehntausend Stunden bedeuten etwa drei Stunden Training am Tag oder zwanzig Stunden in der Woche, zehn Jahre lang. Es gibt noch keinen einzigen Fall, wo jemand dieses höchste Niveau in einer kürzeren Zeitspanne erreicht hat.*"

Der Schauspieler Michael Masterson behauptet, dass es vier Niveaustufen einer Fertigkeit gibt: Inkompetenz, Kompetenz, Exzellenz und Virtuosität. „Um die Inkompetenz zu überwinden, müssen wir etwa 1.000 Stunden in unserem ausgewählten Gebiet trainieren.

Um Exzellenz zu erreichen muss man sein Training fortsetzen, bis man auf die volle Anzahl von 5.000 Stunden kommt. Virtuosität ist extrem selten. Man erreicht sie nicht einfach nur durch Training. Man braucht auch ein natürliches Talent, aber auch in diesem Fall benötigt man mindestens 10.000 Übungsstunden. (Malcolm Gladwell. *"Geniuses and outsiders: why some get everything and the others nothing?"*, Genies und Außenseiter: Warum die einen alles bekommen und die anderen nichts.)

Die magische Zahl um seine Gabe perfekt zu machen liegt also bei 10.000 Stunden der Vorbereitung.

Amerikanische Wissenschaftler sagen, dass Menschen auf den Gebieten erfolgreicher sind, die sie als ihr Hobby ansehen.

Ein Hobby ist eine Aktivität, eine Beschäftigung, der ein Mensch in seiner Freizeit nachgeht. Der wichtigste Zweck eines Hobbys ist es, die Selbstverwirklichung eines Menschen zu fördern. Hobbies können schließlich zu einer wichtigen Tätigkeit werden, die Geld einbringt. „Es wäre perfekt, einer Tätigkeit nachzugehen, die du magst und die dir nebenbei auch noch Geld einbringt." Das bedeutet, dass dein Hobby schließlich zu deinem Job werden kann.

Tu eine Sache, aber tu sie richtig. Es ist einfach.

Fokussiere dich auf eine Sache und lass deine Aufmerksamkeit nicht abschweifen

Zielstrebigkeit ist ein Muss. Gib dir so viel Mühe wie du kannst, um ein einziges Ziel zu erreichen – und der Erfolg wird kommen.

Erfolg wird dir Anerkennung bringen, Geld und alle anderen Freuden des Lebens. Jetzt im Moment solltest du einfach nur deinen Job gut machen.

„Was auch immer du tust – sei der Beste in deinem Beruf" – rät Geniti Kawakami, Vorsitzender der Yamaha Motor Company.

Deren Motorräder besitzen Kreativität und ihr Wettbewerbsgeist ließ sie oft im weltweiten Wettbewerb führen.

Einst war Robin Sharma ein hochbezahlter überarbeiteter Rechtsanwalt, der sich auf zivile Ansprüche spezialisiert hatte. Er war es leid, ein Leben ohne Sinn und Zweck zu führen. Leere und mangelnde Motivation brachten ihn dazu, nach Antworten und Inspiration in den Werken von Og Mandino, Norman Vincent Peale, Gandhi, Albert Einstein, Nelson Mandela und anderen zu suchen. Ein paar Monate, nachdem er begonnen hatte, ihre Lektionen in die Praxis umzusetzen, hatte Sharma das Gefühl, dass sich seine Gedanken, sein Umgangston, sein ganzes Leben drastisch zum Guten verändert hatten.

Sharma gab eine gut bezahlte Kanzlei auf und wurde zu einem Schriftsteller und professionellen Redner.

Man sieht, dass all die Menschen, die sich selbst die Frage stellten: „Wer bin ich?" und sich Gedanken über ihre Bestimmung machten, ihr Leben zum Guten veränderten.

Heute lebt er ein Leben, um das man ihn nur beneiden kann. Er verdient sein Geld, indem er um die Welt reist und an verschiedenen Orten inspirierende Lektionen hält über Motivation: Auf Hawaii, in Israel und in Europa. Er hat einen wunderbaren Lebenssinn, er ist frei und er verdient mehr Geld als früher, wo er ein hochbezahlter Anwalt war.

Nachdem er sich und seine Einzigartigkeit entdeckt hatte, fand Robin seine Bestimmung. Zur Zeit ist er damit beschäftigt, seine Mission im Leben zu erfüllen, und er ist wohlhabend. Er liebt seine Arbeit und er ist glücklich.

> *„Reich zu sein und viel Geld zu haben, ist nicht dasselbe. Ein wahrhaft reicher Mensch ist derjenige, der mit seinem Leben zufrieden ist."*
>
> *Der griechische Philosoph Diogenes.*

Der perfekte Fall ist es, wenn du einen Traumberuf hast, wenn du deine Gabe entdeckt hast und du daran arbeitest, diese zur Perfektion zu bringen. Der schlimmste Fall ist es, wenn du arbeitest und dabei ein kleinstes Teil in einem großen Firmensystem bist.

Als Adam Gott ungehorsam war, verlor er seine Bedeutung, er verlor den Kontakt mit seiner Gabe. Deshalb musste er so hart arbeiten. Du arbeitest nur dann hart und schwitzt dabei, wenn du etwas tust, für das du nicht geboren wurdest.

Buckminster Fuller stand einmal am Ufer des Michigan Sees und dachte ernsthaft über Selbstmord nach. Er hielt sich für einen Versager, einen Mann, der „aus dem Dreck gezogen wurde", wie er sagte. Was es noch schlimmer machte war, dass er keine Motivation hatte, einen neuen Job zu suchen und weiterhin in diesem korrupten System zu arbeiten, das ihn schuldlos auf die Straße gesetzt hatte. Die Arbeit brachte ihm keinerlei Befriedigung, verursachte aber ständigen Stress und brachte ihm nicht genug Geld ein, um zu überleben. „Ich hatte die Wahl, entweder zu springen oder nachzudenken", erinnert er sich. Er entschied sich dafür, nachzudenken.

Ein Leben, dessen Bestimmung man nicht kennt, führt zum ständigen Konkurrenzkampf, einem „Rat Race" (ein endloses, unsinniges und zweckloses Streben, ähnlich wie bei einer Ratte, die im Labor versucht, aus einem Labyrinth zu fliehen), zu Depression, Frustration und Selbstmordversuchen. Im letzten

Moment entschied er sich zu einem „Experiment um zu sehen, was ein Mensch Gutes tun kann für die Welt und die Menschen", anstatt sich einfach umzubringen.

Fuller entschied sich, etwas zu tun, was er gern tat, sich seiner Lieblingsbeschäftigung hinzugeben.

Unterstützt von einer Gruppe Professoren und Studenten eines kleinen Colleges in North Carolina, begann er an einem Projekt zu arbeiten, das ihm später Ruhm einbrachte und die Technik revolutionierte – die geodätische Kuppel.

Er hatte den Mut gezeigt, seine unbefriedigende Arbeit hinter sich zu lassen und glaubte, dass seine Gabe, seine Erfindung ihm seinen Lebensunterhalt sichern würde, obwohl er sogar bereit war, ohne Bezahlung an seiner Erfindung zu arbeiten. Er musste seine Gabe entwickeln, um sicherzugehen, dass seine Erfindung in die Praxis umgesetzt würde. In wenigen Jahren gab es weltweit tausende dieser Kuppeln.

Fuller hatte auch später nicht aufgehört, seine Gabe und sein Potenzial zu entfalten.

Sein Leben lang (er starb im Alter von 88 Jahren) brachte er der Welt Nutzen, nicht nur als Erfinder, sondern auch als Schriftsteller, Pädagoge, Philosoph und Poet. Seine Erfindungen und Entdeckungen helfen noch immer der Wissenschaft dabei, weiterzukommen. Sie machen unser Leben besser und bequemer. Sein Ziel war es, das Leben eines jeden Menschen auf der Erde zu verbessern, damit Menschen ihr Potenzial entdecken und verwirklichen können.

Sobald Fuller sich entschieden hatte, sich selbst und seine Gabe zu entdecken und sein Potenzial auszuleben, änderte sich sein Leben.

Lieber Leser! Jeder von uns kann dasselbe tun. Wir haben die Wahl. Jeder kann den Bereich finden, in dem seine Gaben liegen, seine Lieblingsbeschäftigung. Dem kann er Zeit widmen anstatt nur zu arbeiten, weil dies ein gutes Einkommen einbringt, aber keine Befriedigung. Frage dich selbst: Was ist deine Lieblingsbeschäftigung? Wenn du dich dieser widmen kannst ohne Geld dafür zu bekommen, sondern um dein Potenzial zu entdecken, dann wirst du herausfinden, wer du bist, das unsichtbare Potenzial in dir freisetzen und anfangen, das zu tun, wofür du geboren wurdest.

Ein Vogel fliegt ohne sich große Mühe zu geben, die Luft mit seinen Flügeln zu trennen, er wird einfach von der Luft vorangebracht. Wenn man einen Samen pflanzt und er zu einem Baum wird, dann braucht er dazu keine große Mühe, er wächst ganz natürlich, weil er sich den Gesetzen der Natur unterwirft, denn aus einem Samen wächst ganz natürlich ein Baum. Wenn du herausfindest, in welchem Bereich deine Gaben liegen, wofür du geschaffen wurdest, wirst du nicht hart arbeiten und schwitzen müssen. Du wirst garantiert Erfolg haben.

„Als ich 17 war, las ich ein Zitat, das in etwa so lautete: „Wenn du jeden Tag so leben würdest als wäre es dein letzter, dann wirst du eines Tages gewiss damit recht haben." Es beeindruckte mich, und seitdem, seit 33 Jahren, schaue ich jeden Morgen in den Spiegel und frage mich: „Wenn heute der letzte Tag meines Lebens wäre, würde ich das tun wollen was ich heute geplant habe? Und wenn die Antwort dann „Nein" lautete, mehrere Tage nacheinander, wusste ich, dass ich etwas ändern musste".   *Steve Jobs*

Reiche Leute arbeiten nicht für Geld, sie tun das was sie gern tun, und widmen sich der Arbeit, die sie lieben. Sie warten nicht auf eine wohlverdiente Pause oder Rente, sondern arbeiten leidenschaftlich bis an ihr Lebensende.

„Ich möchte nicht in Rente gehen. Ich liebe meinen Beruf. Ich habe immer gesagt, wenn die Menschen nicht mehr zu meinen Konzerten kommen, werde ich meine Tätigkeit fortsetzen, aber als Hobby. Ich sehe mich im Alter von 90 Jahren, wie man mich im Rollstuhl auf die Bühne fährt, und ich spiele ganz langsam „Yesterday". Heute sind die Dinge allerdings anders. Das Gegenteil ist der Fall. Wir haben Freude daran, Musik zu machen, das Publikum erfreut sich an unserer Musik. Wir alle tun es und wir werden genauso weiterleben." Paul McCartney.

„Manchmal schlägt das Leben dir mit einem Ziegelstein auf den Kopf. Verliere nicht den Glauben. Ich bin überzeugt: Das einzige, das mir die Kraft gab, weiterzumachen, war die Liebe zu meiner Arbeit. Finde deine Liebe. Dieser Rat gilt nicht nur für Beziehungen zu Menschen, sondern auch zur Arbeit. Die Arbeit macht einen großen Teil im Leben aus, und die einzige Art, echte Befriedigung zu finden, ist so zu arbeiten, dass man stolz auf das Ergebnis sein kann." Steve Jobs

Als er Facebook schuf, dachte Mark Zuckerberg nicht an Profit oder Geld, das ihm dieses Geschäft einbringen könnte. Er tat einfach das, was er wirklich liebte. In diesem Tun sah der Schöpfer des weltbekannten sozialen Netzwerkes den Grund für seinen Erfolg. Wie er sagte, hatte er nicht einmal vor, eine Firma zu gründen. Er tat einfach etwas, das er in der heutigen Welt sehen wollte. Aber für ein komfortables soziales Netzwerk braucht man viele User. *„Für mich ist Facebook weder Arbeit noch Vergnügen. Es ist mein Auftrag, etwas das mir Energie gibt, und es ist das einzige, was ich in diesem Leben tun kann"*, glaubt Mark Zuckerberg. Im Alter von 29 Jahren ist er der Schöpfer des größten sozialen Netzwerkes und das Idol von Millionen, einer der jüngsten Milliardäre der Welt (sein Vermögen wird laut Forbes auf etwa 13.3 Milliarden $ geschätzt). Wie du sehen kannst hat dieser Mann seine Gelegenheiten wahrgenommen, indem er das tat, was er liebte – Dinge, die ihn inspirieren.

Mark fand zu sich selbst und seiner Bestimmung, seinem Auftrag im Leben, er tut das was ihm Spaß macht. Er ist glücklich, hat sich selbst verwirklicht und verdient Millionen.

Jeder von uns hat also eine besondere Gabe und es braucht Zeit, diese zu entdecken. Wenn du die Gabe in dir entdeckst, dann musst du dich dieser Gabe hingeben und sie verbessern, so wie es alle bekannten und berühmten Leute taten. So solltest du es machen, wenn du nicht das Leben eines gewöhnlichen Menschen leben möchtest. Wenn du dich deiner Gabe widmest und alles das studierst und lernst, was notwendig ist, um deinen Bereich vollständig zu erkunden, dann wirst du mit deiner Gabe vielen Menschen dienen und erfolgreich sein können. Dann wirst du ein vollwertiges und bedeutungsvolles Leben führen.

Schlussfolgerungen

1. Du musst herausfinden, was deine Gabe ist, etwas das dich von anderen unterscheidet, etwas das du besser kannst als andere, etwas das du eher erreichen kannst als andere, etwas das du zu tun liebst.

2. Einer der wichtigsten Schlüssel, um deine Gabe zu entdecken ist die Frage: „Was ist meine Lieblingsbeschäftigung?" Wenn du dich dieser Beschäftigung widmen kannst, nicht um des Geldes Willen, sondern einfach nur um dein Potenzial zu entfalten, dann wirst du dein Potenzial entdecken und anfangen, deine Mission zu erfüllen.

3. In Zukunft muss ein jeder von uns genügend Mut haben, um seiner Gabe nachzugehen oder sich einer Lieblingsbeschäftigung zu widmen, auch wenn dies im Moment vielleicht kein Einkommen einbringt. Viele bekannte und erfolgreiche Menschen haben ein Risiko auf sich genommen und gewonnen – denke an die Geschichten von Robin Sharma und Buckminster Fuller.

4. Als nächstes müssen wir die 10.000 Stunden-Regel anwenden, damit wir das Fertigkeitsniveau erlangen, das einem Experten von Weltklasse angemessen ist. Wir müssen 10.000 Stunden lang üben. Denke daran, jeder von uns muss der Beste auf seinem Gebiet sein.

Goldenen Wahrheiten

1. Im modernen Russisch ist Macht als eine verborgene Gelegenheit, Fähigkeit und Stärke definiert, die sich unter bestimmten Bedingungen beweist. Das heißt, dass es eine mächtige Kraft, Energie und Fähigkeit in unserem Inneren gibt, die von der Welt noch nicht wahrgenommen wurde.

2. Sich selbst ins Leben zu rufen bedeutet, das Beste aus seinen Möglichkeiten zu machen, sein Potenzial zu erkennen. Daher ist das wichtigste Ergebnis der Anstrengungen des Menschen, sich selbst weiterzuentwickeln und ständig zu wachsen.

3. Du wirst nur auf dem Gebiet erfolgreich sein, wo du deine Gabe hast. Du wirst einflussreich und mächtig auf dem Gebiet deiner Gabe und deines Talentes sein. Der Schlüssel zu deinem Erfolg in der Welt ist es, den Bereich zu finden, wo deine Gabe liegt.

4. Wenn du an dir arbeitest:

- Intellektuell

- Geistlich

- Physisch

wirst du dein Potenzial entdecken können.

5. Um deine Gabe zu perfektionieren, musst du an dir arbeiten, auch wenn es weh tut. Wenn wir den Schmerz der Selbstdisziplin überwinden, erreichen wir unsere Ziele und kommen unserem Traum näher.

6. Wenn du dich deiner Gabe widmest, wirst du bekannt und einflussreich werden; Menschen werden nach dir Ausschau

halten und dich einladen. Du wirst gut bezahlt werden, weil du deine Gabe perfektioniert hast.

7. Jeder, der eine großartige und einflussreiche Persönlichkeit sein will, sollte bereit sein, den höchsten Preis zu zahlen, um seine Gabe zu entfalten und sich ihr zu widmen.

8. Aus unzähligen Studien haben wir die folgende Regel abgeleitet: Für welches Gebiet man sich auch entscheidet, um das Fertigkeitsniveau zu erreichen, das dem Status eines Experten von Weltklasse angemessen ist, braucht es 10.000 Übungsstunden. Egal wen man sich anschaut – Komponisten, Basketballspieler, Schriftsteller, Skater, Pianisten, Schachspieler, unverbesserliche Kriminelle usw. – diese Zahl tritt mit überraschender Genauigkeit auf. Zehntausend Stunden bedeuten etwa drei Stunden Übung am Tag oder 20 Stunden in der Woche, über einen Zeitraum von zehn Jahren.

9. Reiche Leute arbeiten nicht für Geld. Sie tun was sie gern tun, sie geben sich einem Job hin, den sie lieben und warten nicht auf ihren wohlverdienten Urlaub oder die Rente, sondern arbeiten leidenschaftlich bis zum Ende ihres Lebens.

TEST ZUR SELBSTEINSCHÄTZUNG

1. Kennst du deine einzigartige Gabe?

a) Ich glaube nicht, dass ich eine einzigartige Gabe habe. (0)

b) Ich bin auf der Suche nach meinen Gaben und Talenten. (1)

c) Ja, ich kenne meine einzigartige Gabe. (2)

2. Warst du schon einmal so leidenschaftlich begeistert von deiner Lieblingsbeschäftigung (Computerspiele ausgeschlossen), dass du die Zeit und das Essen darüber vergessen hast?

a) Essen vergesse ich nie. (0)

b) Ein oder zweimal im Leben. (1)

c) Ja, es passiert mir oft, wenn ich Dinge tue, die ich liebe. (2)

3. Bist du bereit, die Regel der 10.000 Stunden anzuwenden, um mit deiner Gabe zum Experten zu werden?

a) Absolut nicht. Ich bin zu sehr beschäftigt mit der Arbeit. (0)

b) Ich entwickle meine Gabe, aber verwende weniger Zeit darauf. (1)

c) Ich bin bereit, mir die Zeit zu nehmen, um meine Gabe zu perfektionieren. (2)

4. Kannst du für lange Zeit alleine arbeiten, ohne mit Freunden zu kommunizieren und ohne Unterhaltung?

a) Es fällt mir schwer, alleine zu sein. (0)

b) Ich kann alleine arbeiten, wenn die Tätigkeit mich packt. (1)

c) Ich liebe es, alleine zu sein, besonders dann, wenn ich mit den Dingen beschäftigt bin, die ich liebe. (2)

5. Bist du bereit, dich hingebungsvoll der Entfaltung deiner einzigartigen Gabe zu widmen, Sklave deiner Gabe zu sein?

a) Um das zu tun, muss ich meinen Job kündigen. (0)

b) Ich versuche, mein Talent zu entfalten, aber nicht in so fanatischer Weise. (1)

c) Ich bin schon jetzt voll und ganz meiner Gabe hingegeben. (2)

Testergebnisse

0 – 4 Punkte –Es tut uns leid, sagen zu müssen, dass du nicht daran arbeitest, dein Potenzial zu entfalten. Du musst eine Entscheidung treffen, um dich selbst zu verwirklichen. Um das zu tun, musst du deine Faulheit überwinden und, mit der 10.000-Stunden Regel, jeden Tag deines Lebens hingegeben sein, um an dir zu arbeiten und deine Gabe zu entfalten.

5 – 9 Punkte – Du versuchst ein Stückweit, dein Potenzial zu entfalten, aber du musst dich dem auch ernsthaft verpflichten. Zeige Beharrlichkeit und Durchhaltevermögen, widme deine Zeit der Arbeit, wende die Regel der
10.000 Stunden an, und du wirst dein Potenzial entfalten.

9 – 12 Punkte – Wir freuen uns für dich! Du hast dich der Entfaltung deines Potenzials gewidmet. Jeden Tag widmest du deine Zeit der Entfaltung deiner Gabe. Du wirst zu einem echten Experten deines Fachs werden und die Welt wird bald deinen Namen kennen!

Praktische Übungen:

1. **Schreibe die wildesten Träume über deine Errungenschaften auf, denke an das, was andere Leute kühn über dich prophezeit haben.**

2. **Was für Probleme sind es, die du zu lösen bestimmt bist?** Was beunruhigt dich am meisten? Was gefällt dir nicht? Was möchtest du ändern? Bist du bereit, dich dafür einzusetzen?

Kapitel 4

Warum bin ich hier?

Was tue ich hier?

Warum bin ich hier? Was tue ich hier?

Gott formte einen Menschen aus Lehm, und ein unbenutztes Teil blieb übrig.

- Was sonst soll ich für dich machen? fragte Gott.
- Forme Glück, bat der Mensch. Gott sagte nichts und legte das verbliebene Lehmstück in die Hand des Menschen.

Die wichtigste Aussage dieses Gleichnisses ist folgende: Nur ich bin für mein Leben verantwortlich. Nur ich kann es zu einem glücklichen Leben machen. Ein glückliches Leben ist unmöglich, wenn man keine Antwort auf die Frage findet: „Warum bin ich hier? Was tue ich hier?"

Es ist die Frage nach deinem Lebenssinn und Lebensziel.

Jeder von uns sollte erkennen, wie wichtig es ist, zu sich selbst zu sagen: „Ich bin nicht nur ein Stück Fleisch, das geboren wurde, so wie bei einem Tier. Ich wurde nicht zu dem Zweck geboren, einen Baum zu pflanzen. Ich wurde nicht zu dem Zweck geboren, zu heiraten und einen Sohn zu gebären. Auch Tiere können Kinder haben, und zwar viel mehr als wir. Meine Mission besteht nicht darin, auszusehen wie ein Model, eine schöne Frisur zu haben, lange Beine und schöne Kleider zu zeigen.

Ich habe nicht den Auftrag, an einer angesehenen höheren Bildungsanstalt zu studieren, ein Landhaus zu bauen und stolz darauf zu sein. Das Wichtigste ist folgendes: Mein Auftrag ist es, herauszufinden, wozu ich auf diesen Planeten gekommen bin, und wenn ich diesen Sinn gefunden habe, ihn in die Tat umzusetzen und zu vollenden. Natürlich sollte ich viel Zeit dafür investieren, diesen Sinn zu finden, das Ziel zu bestimmen, aber ein sinnvolles

Leben voller Hingabe an ein bedeutendes Ziel ist es wert, nach diesem Sinn zu suchen."

Ich wurde mit einem Ziel geboren, ich wurde zu einem bestimmten Zweck auf dem Planeten Erde geboren, und hier soll ich mein Ziel vollenden und meine Bestimmung erfüllen.

Unterschätze dich nicht! Entwerte nicht ein Geschöpf Gottes! Es ist wichtig, eine Familie zu gründen und Kinder zu erziehen. Diese Dinge sind für die Menschheit notwendig. Seine Persönlichkeit zu erkennen, ist für das Wohlergehen der Menschheit jedoch noch wesentlicher. Seinen Lebenssinn zu erkennen ist wichtiger als eine Familie zu gründen und Kinder zu haben.

Wenn du das Ziel deines Lebens nicht kennst, was wirst du dann tun, wenn deine Kinder erwachsen sind und aus dem Haus gehen? Willst du sie festhalten als seien sie ein rettender Strohhalm? So viele Mütter sind nicht in der Lage, ihre Kinder ins Erwachsenenleben ziehen zu lassen und hängen buchstäblich an ihnen, wodurch ein Abhängigkeitsverhältnis entsteht. In diesem Fall können sich die Kinder nicht entscheiden, ihr Elternhaus zu verlassen und unabhängig zu leben. Daher werden sie eine Art ewiger Teenager und bleiben am Rockzipfel der Mutter hängen.

Wenn man sich nicht des Zieles seines Lebens bewusst ist, wird man sich nicht erholen können, wenn man vom Ehepartner verlassen wird. Auch eine gute Familie kann zu einer Falle für das Schicksal eines Menschen werden, wenn die Familie zu seinem Ziel wird. Viele Menschen leben nur für ihren Partner und ziehen ihre Stärke und Energie aus der Beziehung. Wenn die Beziehung zu Ende ist, ist die Stärke erloschen und die Lebenskraft am Ende. Viele Menschen wissen dann nicht wofür sie noch weiterleben sollten. Die Quelle der Lebensenergie ist der, der sie geschaffen hat. Wir haben uns nicht entschieden, geboren zu werden, also können wir nicht für uns selbst leben.

Wenn man seinen Auftrag und sein Lebensziel kennt, wird man in der Lage sein, diese Fallen im Leben zu vermeiden.

Kate war ein stilles und ruhiges Kind. Sie machte ihren Eltern keine Probleme. Ihre Mutter konnte sie leicht lenken. Sie sucht zunächst einmal Kates Umfeld und ihre Freunde aus, und dann half sie ihr, die richtige Bildungseinrichtung zu finden. Nachdem Kate die Universität abgeschlossen hatte, hörte sie auf den Rat ihrer Mutter und suchte sich einen Job. Nach einer Weile entschloss sich ihre Familie, eine andere Staatsbürgerschaft anzunehmen und zog in ein anderes Land. Kate war ganz begeistert von dem neuen Land. Sie zog in eine Wohnung zusammen mit Freunden und studierte und arbeitete weiter. Ihrer Mutter jedoch gefiel es in dem neuen Land nicht. Bald beschloss sie, zurückzukehren, weil sie Schwierigkeiten damit hatte, sich an das neue Umfeld zu gewöhnen. Trotz des Wunsches ihrer Tochter, in diesem neuen Land zu bleiben, hörte die Mutter nicht auf sie, da sonst der Sinn ihres Lebens, sich in Kates Angelegenheiten einzumischen, verloren wäre. Kate musste ihren Eltern folgen und in ihr Heimatland zurückkehren, wo sie nicht so viele Möglichkeiten hatte wie zuvor. Als Kate zurückgekehrt war, blieb sie weiterhin von ihrer Mutter abhängig. So verlor das Mädchen alle Möglichkeiten, in dem neuen Land zu leben. Ihre Mutter lenkte weiterhin Kates Leben. Sie wollte Enkel haben. Also befahl sie ihrer Tochter, Kinder zu bekommen, obwohl diese nicht verheiratet war. Der Grund war sehr wichtig. Kate sollte ein Kind bekommen, während ihre Eltern noch in der Lage waren, ihr bei der Erziehung zu helfen. Bald wurden Zwillinge geboren. Nun waren Kate und ihre Mutter damit beschäftigt, Zwillinge großzuziehen, Tag und Nacht.

Lasst uns diese Geschichte zusammenfassen. Kates Mutter kannte den Sinn ihrer eigenen Existenz nicht. Sie widmete ihr Leben ihrer Tochter, Kate war ihr Lebenssinn. Nur deshalb ließ sie sie nicht los und kontrollierte ihr Leben. Einen Bruch in ihrer Beziehung bedeutete, den Sinn ihres Lebens zu verlieren. Sie ließ Kate nicht ihr eigenes Leben führen, ohne ihren Einfluss. Viele Mütter verhalten sich ähnlich, weil sie den Sinn ihres Lebens nur darin sehen, übermäßig für ihre Kinder zu sorgen. Sie lassen nie zu, dass ihre Kinder unabhängig werden. Wenn solche Mütter die Frage beantworten: „Welchen Aufgaben sollte ich nachgehen, auf diesem Planeten Erde?" würden sie anfangen, über ihr Ziel nachzudenken. Dann würden sie ihre Kinder erwachsen werden lassen und stattdessen ihre eigenen Ziele verfolgen.

Kate schaffte es nie, sich von ihrer Mutter zu lösen und lebte weiterhin so wie diese entschied. Aus Sicht des Schöpfers ist das jedoch eine ganz miserable Einstellung. Das Mädchen hatte keine Ahnung, wozu sie bestimmt war, sie fand ihre Bestimmung und ihre Gabe nicht. Schließlich zogen Kate und ihre Mutter Tag und Nacht Zwillinge auf und hatten wenig finanzielle Stabilität. Kate hatte keine Zeit, nach einer Antwort auf die Frage „Warum bin ich hier?" zu suchen. Sie weiß nicht, dass es der wesentlichste Aspekt ihres Lebens ist, weshalb sie es auch ihren Kindern nicht beibringen kann. Vielleicht wird sich die Situation von Kate und ihrer Mutter wiederholen – diesmal mit Kate und ihren Kindern. Gott gibt einem Erwachsenen die Freiheit, selbst zu entscheiden! Es ist eine recht schmerzliche Geschichte.

Liebe Frauen, heiratet nicht, bevor ihr euer wahres Wesen, euren Auftrag herausgefunden habt. Habt keine Angst, ohne Familie zu leben – habt Angst davor, ein leeres und bedeutungsloses Leben zu führen!

Was heißt das – den Auftrag seines Lebens zu kennen?

Der Auftrag ist:

1. Finde deine Gabe, das wozu du geschaffen wurdest, das was dich inspiriert und was du mit Begeisterung tust, und das was du besser kannst als andere.

2. Sei dir bewusst, dass deine Gabe nicht dir alleine gehört. Deine Berufung ist es, anderen Leuten und der Menschheit mit dieser Gabe zu dienen. Du kannst Millionär sein und deine Firma kann einen Beitrag zur Entwicklung der Menschheit leisten, so wie es einst Apple getan hat. Wenn du erst einmal reich bist, kannst du dein Geld für Wohltätigkeitszwecke spenden. Du kannst Politiker werden und die Institutionen in deinem Land, die Macht haben, verbessern. Du kannst das Vorbild eines perfekten Mannes oder hingegebenen Ehemannes und Vaters werden, um zu zeigen, welche Rolle die Verantwortung eines Mannes in der Familie, auf der Erde und für die zukünftigen Generationen spielt. Nur du bist dafür verantwortlich, deine Gabe zu entwickeln und dafür zu sorgen, dass sie funkelt wie ein Diamant nach dem Veredelungsprozess.

Alles in diesem Leben hat irgendetwas zu bedeuten. Die Schlangen, vor denen wir Angst haben, sind dazu bestimmt, die Bestimmung ihres Lebens zu erfüllen, ebenso wie Moskitos, Vögel und Bäume. Wenn wir den Sinn der Existenz des einen oder anderen Geschöpfes nicht kennen, dann heißt das nicht, dass sie sinnlose Wesen sind. Unsere Reaktion, wie z.B. Furcht oder Ekel, hebt nicht den Sinn ihrer Existenz auf, denn jedes Geschöpf dient einem bestimmten Zweck. Wenn man nicht ausreichend über seinen Auftrag im Leben Bescheid weiß, dann ist der Auftrag dadurch nicht aufgehoben.

Demzufolge existiert jedes Geschöpf zu einem bestimmten Zweck und hat Anteil an einem großen Plan, egal wie unbedeutend es erscheinen mag. Es gibt kein Organ in deinem Körper, das keine lebenswichtige Funktion hat.

Genauso ist es in der Natur. Die Menschen haben gemerkt, dass jede Pflanze und jedes Tier dazu dient, das natürliche Gleichgewicht aufrechtzuerhalten. Wenn dieses Gleichgewicht gestört ist, wirkt es sich auf alles aus.

Du kannst von jemandem für seine Zwecke benutzt werden, wenn du dir nicht deines wahren Wesens bewusst bist. Du kannst einem anderen helfen, seine Bestimmung zu erfüllen. Wenn man die Mission seines Lebens nicht kennt, führt es dazu, dass man sein Leben zweckwidrig nutzt. Wenn du dir deiner Bestimmung nicht bewusst bist, solltest du dich darauf vorbereiten, von einem anderen, dessen Ziel entsprechend benutzt zu werden und für jemanden zu arbeiten, der seine Pläne und Ziele kennt. Du kannst zu einem kleinen Teil eines Unternehmens werden und dein Leben lang deinem Chef dienen. Dann wirst du irgendwann in Rente gehen und mit deinem Leben unzufrieden sein.

Einmal sah ich in der Wohnung eines Freundes einen Kühlschrank. Als ich ihn öffnete war ich überrascht, dass er zu einem anderen Zweck als zur Kühlung von Lebensmitteln genutzt wurde – er war voller Konserven und Pulver. Wie es schien war der Kühlschrank kaputt, und man gebrauchte ihn als Schrank. Mir erschien das als gutes Beispiel für das menschliche Leben. Jeder von uns hat seine Bestimmung und sein Ziel, aber wir kennen es nicht, deshalb werden wir zu anderen Zwecken benutzt als zu denen, wozu wir eigentlich bestimmt sind.

Wir werden nur dann für andere Zwecke ausgenutzt, wenn wir nicht in Übereinstimmung mit der Absicht des Schöpfers leben.

Wenn du nicht weißt, wie man einen Gegenstand richtig gebraucht, wirst du ihn für andere Zwecke benutzen müssen. Du kannst ein ehrlicher Mensch sein, der seinem Ehepartner, Kind oder Chef hingegeben ist, aber deine Aufrichtigkeit kann nicht den Mangel an Wissen, was der Sinn deines Lebens ist, ersetzen. Du kannst nicht verstehen, warum sie an deiner Seite sind, und auf diese Weise gefährdest du dich und auch andere. Kates Mutter stellte ihrer Tochter ein Hindernis in den Weg, indem sie darauf bestand, dass diese ein Kind bekäme ohne verheiratet zu sein. Vielleicht hat sie ihr auch die Chance auf ein anderes Leben geraubt - weit weg von ihrem Heimatland. Sie hat nicht nur dabei versagt, ihr die Lehren des Lebens zu vermitteln, sie ließ auch nicht zu, dass Kate den Sinn des Lebens verstand und behinderte ihre Entwicklung durch ihr Handeln. Kate konnte niemals die Frage: „Warum bin ich hier?" beantworten.

Wenn du den Zweck einer Sache erkennen willst, kann dir nur deren Schöpfer die Antwort geben.

Nur der Erfinder des iPad kennt den Zweck seiner Schöpfung und weiß, wie man sie gebraucht.

Nur der Erfinder eines Mobiltelefons oder irgendeines anderen Gerätes oder eines Medikamentes kann genau wissen, wie man es benutzt.

Wenn du dir einen Laptop gekauft hast, wirst du ihn nicht als Tablett benutzen. Im Gegenteil, da du ihn aus eigener Tasche bezahlt hast, wirst du für dessen Sicherheit sorgen und die Gebrauchsanweisung lesen bevor du damit arbeitest. Durch die Gebrauchsanweisung erklärt der Hersteller des Gerätes den Zweck seiner Erfindung und die Regeln, wie man sie anwendet.

Die meisten Männer und Frauen wissen nicht, wofür sie leben. Ihnen die Frage nach dem Zweck ihrer Existenz zu stellen wäre deshalb absurd. Du wirst niemals die Fragen „Warum bin ich hier? Wozu lebe ich?" beantworten, wenn du weiterhin andere Geschöpfe fragst, wer du wirklich bist.

3. Du solltest eine persönliche Verbindung zum Schöpfer haben! Du musst dem Schöpfer die Frage stellen „Wozu lebe ich?" Ein Mensch kann sich nicht seines Zieles bewusst sein ohne die Hilfe seines Schöpfers.

Es gibt eines, das einen Menschen von jedem anderen Wesen unterscheidet und was beweist, dass der Mensch einen Schöpfer hat. Es ist seine innere Stimme, die man Intuition nennt. Intuition liegt außerhalb dessen, was den Verstand ausmacht. Es überrascht, aber es ist eine Tatsache des Lebens. Dein inneres „Ich" kennt irgendwie den Sinn deiner Existenz. Leihe deiner inneren Stimme und Intuition dein Ohr. Nimm dir Zeit, um dich von der Hektik des Lebens zurückzuziehen und von Angesicht zu Angesicht vor dich selbst und Gott zu treten.

Nimm dich an so wie du von Gott geschaffen wurdest, ahme nicht jemand anderen nach. Er hat dich mit deinen besonderen Eigenschaften geschaffen, weil er deine Bestimmung kannte. Ein IPad hat seine eigenen Merkmale, die sich von den Merkmalen anderer Mobiltelefone unterscheiden, denn sie haben ein anderes Anwendungsfeld. Genauso wurdest du mit deinen besonderen Eigenschaften geschaffen, die du benötigst, um deine Bestimmung zu erfüllen. Deshalb ist es so wichtig, diese anzunehmen.

Rede mit deinem Schöpfer, wenn du alleine bist und Ruhe hast, und stelle ihm eine Frage zum Sinn deines Lebens.

Hast du jemals das Gefühl gehabt, dass du dich nicht wohlfühlst wenn du alleine bist? Manchmal macht es uns sogar Angst. Nachdem wir für kurze Zeit isoliert waren, greifen wir verzweifelt nach unseren Mobiltelefonen und können es nicht abwarten, uns mit unseren alltäglichen Angelegenheiten zu befassen oder Bekannte zu besuchen, um unsere emotionalen Leidenschaften zu befriedigen. Warum ist es so schwer, sich seiner eigenen inneren Welt zu stellen? Vielleicht sind wir nicht bereit, uns selbst zu begegnen. Wir sind uns unseres wahren Ichs nicht bewusst, deshalb fühlen wir uns unbehaglich als seien wir unter Fremden. Dann ist es nicht verwunderlich, dass wir kein Verlangen danach haben, in Gottes Gegenwart zu sein, den wir noch weniger kennen und den wir nicht einmal sehen.

Wie aber können wir unser wahres Ich erkennen, so wie es von Gott geschaffen wurde? Menschen können gerissen, unvollkommen und selbstsüchtig sein. Wie können wir uns also von diesen Verunreinigungen befreien, die uns die Gesellschaft auferlegt hat?

Du brauchst dein Zimmer nicht zu verlassen …

bleib einfach an deinem Tisch sitzen und horche.

Du brauchst nicht einmal zu horchen, warte einfach.

Du brauchst nicht einmal zu warten, werde einfach still –

und die Welt wird sich offenbaren, um demaskiert zu werden;

sie hat gar keine andere Wahl.

Sie wird sich in Ekstase vor deinen Füßen wälzen.

Franz Kafka, deutscher Schriftsteller

Was für eine Einfachheit und auch Tiefe dieses Zitat hat, wie praktisch alles zu sein scheint!

Nur in einem Zustand des Alleinseins, wenn wir bereitwillig vor Gottes Angesicht verharren, kann er uns dabei helfen, uns zu öffnen. Er kann uns zeigen wie uns Unreinheiten daran hindern, voranzukommen und uns helfen, unsere einzigartige Gabe, unseren Auftrag im Leben und unser Ziel zu erkennen.

Du solltest ruhig bleiben und auf die Stimme in deinem Inneren hören. Das kann deine eigene Stimme, deine Intuition sein. Du magst den starken leidenschaftlichen Wunsch haben, einer bestimmten Tätigkeit nachzugehen, die du dich nie zu beginnen gewagt oder woran du nicht einmal gedacht hast.

Deine Bestimmung gibt dir einen Grund, warum du auf diesen Planeten Erde gekommen bist und eine Antwort auf die Frage, wie du verschiedene Hindernisse und Mühen überwinden kannst. Sie gibt dir eine Vision für deine Zukunft.

Dein Ziel und deine Bestimmung geben deinem Leben Sinn und Bedeutung. Ein zielloses Leben wird ganz sicher grau, monoton, gewöhnlich und frustrierend sein.

„Arbeite nicht daran, Erfolg zu erlangen, sondern arbeite daran, eine Bedeutung im Leben zu haben."

Albert Einstein, Physiker

Such nicht nach einem Menschen, der dir sagt, was der Sinn des Lebens ist, sondern nach dem Schöpfer, der dich geschaffen hat.

Erkenne den Auftrag deines Lebens und deine Gabe. Beantworte die Frage: „Wozu lebe ich?" und werde zum Meister auf diesem Gebiet, diene dem Wohl der Menschen mit deiner Gabe, weil du genau mit diesem Ziel geschaffen wurdest.

„*Deine Zeit ist begrenzt, also verschwende sie nicht, indem du das Leben eines anderen lebst. Lass dich nicht von Dogmen einfangen, die nur das Ergebnis der Gedanken anderer sind. Lass den Lärm der Meinungen anderer nicht deine innere Stimme eindämmen. Das Wichtigste ist, den Mut zu haben, deinem Herzen und deiner Intuition zu folgen. Irgendwie wissen sie bereits, was du wirklich werden willst. Alles andere ist zweitrangig.*"   Steve Jobs.

SCHLUSSFOLGERUNGEN

1. Du musst deine eigene Gabe finden, die Tätigkeit, die du liebst und für die du geschaffen wurdest.

2. Du musst dir der Notwendigkeit bewusst sein, der Menschheit mit deiner Gabe zu dienen. Geh und wage dich! Du solltest nach Niederlagen nicht aufgeben, denn diese Gabe gehört dir nicht allein. Du wurdest geschaffen, um mit deiner Gabe Menschen zu dienen.

3. Du musst deinen Schöpfer nach dem Sinn für dein Leben fragen, denn nur er kennt deine Bestimmung. Du kannst diese Frage nicht anderen Menschen stellen, denn nur der Schöpfer weiß, was er mit seiner Schöpfung beabsichtigt.

4. Nimm dich so an wie du geschaffen wurdest. Du bist ein einzigartiges Individuum mit deinen eigenen besonderen Merkmalen, die du brauchst, um den Auftrag deines Lebens auszuführen.

5. Nimm dir Zeit für ein privates Gespräch mit deinem Schöpfer, damit du ihn nach dem Sinn deiner Existenz fragen kannst.

6. Du solltest ruhig werden und auf die Stimme deines Herzens hören. Das ist deine innere Stimme, deine Intuition, ein starker Wunsch oder eine Leidenschaft nach einer bestimmten Art von Aktivität.

GOLDENEN WAHRHEITEN

1. Ich bin nicht nur ein Stück wandelnden Fleisches, ähnlich wie ein Tier. Ich wurde nicht zu dem Zweck geboren, einen Baum zu pflanzen. Ich wurde nicht zu dem Zweck geboren, zu heiraten. Ich wurde nicht zu dem Zweck geboren, einen Sohn zu haben.

2. Ich wurde mit einem Auftrag geboren und zu einem bestimmten Zweck, und ich muss mein Ziel erreichen und meine Bestimmung auf dem Planeten Erde erfüllen.

3. Einen Auftrag zu haben, heißt:

- Deine eigene Gabe zu finden: etwas, für das du geschaffen wurdest, etwas, das dich am meisten inspiriert, etwas das du zu tun liebst, etwas das du besser kannst als andere.
- Sei dir bewusst, dass dir diese Gabe nicht alleine gehört. Du bist berufen, Menschen mit deinem Talent zu dienen.

4. Jeder Mensch muss den Sinn des Lebens und darin Befriedigung finden.

5. Alles, was existiert, hat seinen eigenen Zweck.

6. Eine Bestimmung ist die ursprüngliche Absicht, die in den Gedanken des Schöpfers geboren wurde, und die ihn dazu veranlasste, ein bestimmtes Objekt von lebloser Natur, lebendiger Natur und das höchste Geschöpf, den Menschen, zu schaffen.

7. Nur dein Schöpfer weiß, zu welchem Zweck du geschaffen wurdest.

Test zur Selbsteinschätzung

1. Hast du vor, einen Baum zu pflanzen, ein Haus zu bauen oder einen Sohn zu gebären und das zu deinem Lebenssinn zu machen?

a) Ja, ich habe so ein Ziel. (0)

b) Das ist etwas Wesentliches, aber ich suche auch nach dem Sinn meines Lebens. (1)

c) Ich bin mir meiner Bestimmung bewusst und tue mein Bestes, um diese zu erfüllen. (2)

2. Ist es der Hauptzweck deines Lebens, eine Familie zu gründen und ein Kind zu haben?

a) Ja, das ist extrem wichtig. (0)

b) Ich denke daran, mich jenseits von Familie als Persönlichkeit zu verwirklichen. (1)

c) Der Sinn meines Lebens ist, meine Bestimmung zu erfüllen. (2)

3 Das Hauptziel eines Menschen ist es, sein Lebensziel zu verfolgen. Welche Einstellung hast du zu dieser Aussage?

a) Ich glaube, dass die Gründung einer Familie und Erben in die Welt zu setzen das Wesentlichste ist, was man tun sollte. (0)

b) Familie ist wichtig, ich bin aber auch damit beschäftigt, mein Ziel zu definieren. (1)

c) Ich stimme mit dieser Aussage absolut überein. (2)

4. Kennst du deine Gabe und dein Talent?

a) Ich habe keine Gaben oder Talente (0)

b) Ich suche nach meiner Gabe (1)

c) Ich bin mir meiner Gabe bewusst und arbeite daran, mich auf diesem Gebiet weiterzuentwickeln. (0)

Testergebnisse

0 – 4 Punkte – Es tut uns leid, aber du kennst dein Ziel nicht und glaubst, dass es am wichtigsten ist, für die sichtbaren Dinge zu leben. Du bist nicht dafür geeignet, deine Zeit mit Philosophie zu verschwenden. Wir raten dir, einmal über den Sinn nachzudenken, warum du auf diesen Planeten gekommen bist, denn ein bedeutungsloses Leben führt zu innerer Leere, Depression und mentalen Störungen.

5 – 9 Punkte – Du versuchst, zu dir selbst zu finden, aber deine Versuche waren nicht erfolgreich. Du wirst im zweiten Teil dieses Buches praktischen Rat finden, wie man zu seinem wahren Ich findet.

9 – 12 Punkte – Wir freuen uns für dich! Du hast dich der Erfüllung deiner Bestimmung gewidmet! Du wirst großen Erfolg im Leben haben und Befriedigung finden.

Praktische Aufgaben

„Wofür lebe ich?" – Was glaubst du, mit welcher Absicht hat Gott dich geschaffen?

Was für Probleme musst du lösen? Welche Dinge bereiten dir noch Sorgen? Was erscheint dir falsch? Wofür bist du bereit, dich einzusetzen, was willst du verbessern und wie dein Leben verändern?

Denke über deinen Ursprung nach (z. B. ist Gott dein Ursprung, er ist die Quelle deiner Möglichkeiten, Stärken und Fähigkeiten). Schreibe die Gedanken auf, die dir beim Lesen bestimmter Bücher, beim Ansehen bestimmter Filme etc. kommen.

Kapitel 5

Wohin gehe ich?

WOHIN GEHE ICH?

„Rücke niemals von deinem Ziel ab – es ist ein Werkzeug, um die Zeit zu verlängern, und es ist ein sehr wirkungsvolles Werkzeug, aber es zu benutzen ist nicht einfach."

Georg Christoph Lichtenberg, Mathematiker und der erste deutsche Professor für Experimentalphysik im Zeitalter der Aufklärung

Wohin gehe ich? Dies ist der Punkt, an dem die Frage nach dem Sinn und dem Ziel beantwortet wird. Das Wichtigste ist, den Zweck deiner Berufung zu kennen. Die allumfassende Frage ist, warum du auf den Planeten Erde gekommen bist. Wir setzen uns Ziele, wenn wir Seminare und Kurse besuchen. Die Redner fordern uns auf, unsere 10 Hauptziele aufzuschreiben und uns Zeitrahmen zu setzen, in denen wir diese erreichen wollen. Wir schreiben alles auf, treffen eine Entscheidung, aber sehr oft fangen wir nach dem Kurs nie damit an, auch entsprechend zu handeln.

Aber das ist ein schwerwiegender Fehler, denn wenn wir dem Ziel nicht näherkommen und nicht jeden Tag Schritte in diese Richtung gehen, werden wir keinerlei Ergebnis erzielen können, vom Leben enttäuscht sein und es am Ende verschwendet haben. Wenn wir aber unser Ziel erreichen, werden wir zufrieden und selbstbewusst sein.

Wohin gehe ich? Das ist die Frage nach deinem Lebenssinn hier auf der Erde. Zu welchem Zweck bist du auf diese Welt gekommen? Hast du jemals darüber nachgedacht? Wofür lebst du? Zu welchem Zweck wachst du jeden Morgen auf, putzt dir die Zähne, frühstückst und gehst zur Arbeit? Hat dein Handeln irgendeinen Sinn? Hat deine Existenz einen Sinn?

Leider ist unsere Gesellschaft das Opfer eines weltweiten Systems, das die Menschen nicht dazu ermutigt, bewusst zu leben und zu Persönlichkeiten heranzureifen. Das System möchte Menschen kontrollieren und sie zu seinem eigenen Vorteil beherrschen.

Menschen sind oft nur „Teile eines Systems". Deshalb sind sie daran gewöhnt, automatisiert zu leben, von morgens bis abends zu arbeiten, bis sie alt sind, und nur so ihr Leben zu verbringen. Man kann diese Menschen leichter kontrollieren als eine Herde. Ein Mensch, der keine Persönlichkeit ist, der seine Berufung und den Sinn seines Lebens nicht kennt, denkt nicht über die Frage nach „Wohin gehe ich?"

Wenn wir uns selbst ein Ziel setzen, dann beginnt unser Körper

- selbstständig im Inneren Energie zu produzieren
- alle Kraft in eine Richtung hin zu mobilisieren

Es liegt ein spezieller Plan des Schöpfers darin, der es uns ermöglicht, unsere Ziele zu erreichen.

Unser Körper wurde dafür geschaffen, ein gesetztes Ziel zu erreichen und dafür zu arbeiten. Das gesetzte Ziel kann innere Kapazitäten freisetzen und alles menschliche Potenzial dafür einsetzen.

Die Konsequenzen eines fehlenden Zieles

Wenn es keine spezielle Aufgabe gibt, wird das Unterbewusstsein des Menschen in einem passiven Zustand bleiben. Wenn das Ziel schlecht definiert wurde oder gar nicht existiert, wird es das Unterbewusstsein daher automatisch als unerreichbar begreifen, weil es unmöglich ist, für etwas, das es nicht gibt, eine Lösung zu finden.

Das menschliche Gehirn besteht aus zwei Bereichen – dem Bewusstsein und dem Unterbewusstsein.

1. Das Bewusstsein ist für den Prozess, Entscheidungen zu treffen, verantwortlich.

2. Das Unterbewusstsein sucht nach Wegen, Dinge umzusetzen und zu vollenden.

In unserem Bewusstsein entsteht die Aufforderung, in unserem Gehirn nach Informationen zu suchen, auf unserer Festplatte, in unserem Unterbewusstsein. Ein Teil des Gehirns sagt, was für eine Aufgabe erledigt werden muss, der andere „denkt" darüber nach, was dafür zu tun ist. Der erste Teil ist der Wille, der zweite sind die riesigen Ressourcen.

Das Bewusstsein setzt sich selbstständig Ziele, erreicht sie durch den Willen und wertet die Ergebnisse aus. Das Unterbewusstsein setzt sich keine eigenen Ziele, sondern hilft dabei, die bereits gesetzten Ziele zu erreichen.

Leider wissen die Menschen nicht, wie sie geschaffen sind, und machen schwere Fehler im Leben, verlieren ihren Frieden, zerstören ihren Geist und versagen dabei, ihre Berufung zu erfüllen.

Die meisten jungen Damen verstehen nicht, dass es zunächst einmal notwendig ist, ihre Berufung zu finden und zu erfüllen, also zu einer Persönlichkeit zu werden. Ein Kind zu haben oder zu heiraten sind nicht die wichtigsten Ziele für eine Dame, die im Leben erfolgreich sein möchte. In Wirklichkeit hat die Rolle der Ehefrau oder Mutter nichts damit zu tun. Aber Frauen leben in einer Welt der Illusionen, die sie dazu bringt, Luftschlösser zu bauen, sie sehnen sich ohne nachzudenken nach etwas, und wissen gar nicht wonach.

Ein Mann aus dem Ausland trug sich in eine Singlebörse im Internet ein. In seinem Fragebogen schrieb er, dass er den Kontakt zu einer Frau zwischen 25 und 30 Jahren sucht. Nach wenigen Tagen war er fast so weit, den Betreiber dieser Website anzuzeigen. Auf sein Profil hatte er viele E-Mails von Frauen der früheren Sowjetstaaten bekommen. Sie schickten ihm provokative Fotos, auf denen sie im Badeanzug abgebildet waren, und ihr Alter entsprach auch nicht dem, was er angegeben hatte, sondern sie waren zwischen 17 und 50 Jahren alt. Der Ausländer war schockiert. Er dachte, eine so große Anzahl von E-Mails sei ein Witz, deshalb wollte er den Betreiber der Website anzeigen. Er konnte sich gar nicht vorstellen, dass sich Frauen in einer so schamlosen und vulgären Weise anbieten konnten, so als seien sie einfach nur leblose Objekte. Diese Einstellung der Frauen ist darauf zurückzuführen, dass sie die Frage „Wohin gehe ich?" nicht beantwortet haben, ihren wahren Lebenssinn nicht verstanden und ihren Wert nicht erkannt haben. Für sie scheint der Sinn des Lebens darin zu bestehen, eine Familie zu gründen. Deshalb nimmt die Suche nach einem Ehepartner den ersten Platz in ihrem Leben ein, und alle Mittel sind dafür recht.

Schau dir Frauen an, die keinen Mann und keine Kinder haben, und nicht glücklich sind, obwohl sie die Zeit haben

- sich weiterzuentwickeln
- ihr Potenzial zu entfalten
- sich selbst als Persönlichkeiten zu etablieren

…weinen sie, verfallen in Depressionen und glauben fälschlicherweise, dass eine Familie sie glücklich machen würde. Es wäre witzig wenn es nicht so traurig wäre!

Tatsächlich ist es wichtig, bereits glücklich zu sein, bevor man eine Familie gründet, denn ansonsten wird man das Leben des

Partners zerstören. Wenn eine Frau ein Baby geboren hat, wird der Prozess, an sich zu arbeiten und sich selbst zu verwirklichen weniger wichtig. Die Frau hat dann kaum noch Zeit, um ihr Potenzial zu entfalten und ihre Persönlichkeit zu entwickeln.

Die meisten Menschen leben unter dem Einfluss der falschen allgemeinen Ansicht, dass es der Sinn des Lebens eines Menschen ist, einen Baum zu pflanzen, ein Haus zu bauen und einen Sohn zu erziehen. Aber niemand achtet darauf, dass der Mensch zunächst einmal sich selbst verwirklichen und eine Persönlichkeit werden muss. Das führt dann zu Scheidungen und zerbrochenen Familien, denn Familien werden von Menschen gegründet, die nicht vorbereitet sind, in gewisser Weise sogar von unterentwickelten Menschen, die geistig auf der Stufe von Teenagern sind, obwohl sie vom Alter her erwachsen sind. In moralischer Hinsicht sind sie unreif.

Alle bedeutenden und berühmten Menschen haben verstanden, dass es die oberste Priorität ihres Lebens ist, sich selbst und seine Berufung zu entdecken, und sein Leben darauf auszurichten, diese zu erfüllen. Alles andere wird danach kommen.

Denke über das folgende Zitat nach. Es könnte dir helfen.

„Wir sind hier, um einen Beitrag für die Welt zu leisten. Warum sonst sollten wir hier sein? Hast du gewusst, dass es gute Dinge gibt, die du im Leben vollenden solltest? Und hast du gewusst, dass diese Dinge schnell verstauben, wenn du dir eine weitere Tasse Kaffee eingießt und dich entscheidest, nicht mehr über sie nachzudenken anstatt sie in dein Leben zu bringen? Wir alle wurden mit einer Gabe geboren, die wir zum Leben erwecken sollten. Diese Gabe ist unsere Bestimmung, unsere Berufung. Und du brauchst keine Erlaubnis, um über deine eigene Bestimmung zu entscheiden. Kein Chef, kein Lehrer, kein Elternteil, Priester oder irgendeine andere Autorität kann das für dich entscheiden. Finde einfach diese einzigartige Bestimmung."

Steve Jobs

Menschen, die einfach ihr Leben leben und sich nur um Kinder gebären kümmern, leben mit der falschen Annahme, sie seien Persönlichkeiten.

Das Leben dieser Menschen ist dem Leben der Tiere ähnlich, die viele Nachkommen haben. Nicht unsere Kinder und Enkelkinder machen uns zu Persönlichkeiten, ihr Vorhandensein unterscheidet uns nicht von Tieren. Ein Mensch, der nichts dazu tut, sein Ziel und seinen Auftrag auf der Erde zu erfüllen, ist ein lebendiger Toter, weil er in sich selbst keine Persönlichkeit geschaffen hat und sein Leben daher keinen Sinn hat.

> *„Nur das Ziel gibt dem Leben Bedeutung und Befriedigung. Es fördert die Gesundheit und gibt uns in harten Zeiten eine Spur Optimismus."*
>
> Steve Jobs

„Manche Menschen sterben mit 25 und werden nicht beerdigt bis sie 75 sind". Das sagte Benjamin Franklin, ein amerikanischer Wissenschaftler und Politiker.

Ein Mensch wird dann zu einer echten Persönlichkeit, wenn er sich seine Ziele gesetzt und diese genau definiert hat.

Um ihre Pläne auszuführen setzen viele bekannte Politiker riesige emotionale und intellektuelle Ressourcen ein. Sie nehmen große Bemühungen auf sich, um ihre Ziele zu erreichen.

Viele Schauspieler verbringen 18 Stunden am Tag damit, an ihren Rollen zu arbeiten, um darin meisterhaft zu sein.

> *„Jeder Mensch hat nur ein Leben bekommen, und jeder verdient eine Chance auf Erfolg, besonders dann, wenn er bereit ist, hart zu arbeiten".*
>
> *Benazir Bhuttos*, Premierministerin der islamischen Republik Pakistan.

Das ist die Geschichte des Lebens von Benazir Bhutto, die die Premierministerin der Islamischen Republik Pakistan war, die erste Frau, die in der jüngsten Geschichte zum Oberhaupt einer islamischen Regierung gewählt worden war. Es ist unglaublich, aber es ist Tatsache!

Benazir Bhutto wurde am 21. Juni 1953 in Pakistan geboren. Benazirs Vater war eine fortschrittliche Persönlichkeit, deshalb erzog er seine Tochter anders als es die traditionelle Art der islamischen Länder war. Der Vater sah Benazir Bhutto als eine Parlamentärin.

Im April 1969 ging Bhutto auf das Radcliffe College der Harvard Universität in den Vereinigten Staaten. Dort erlebte sie zum ersten Mal den „Geschmack der Demokratie". 1973 machte sie ihren Abschluss an der Harvard University und erwarb ein Bachelor Diplom mit Auszeichnung in Öffentlicher Verwaltung.

Benazir Bhutto setzte in Pakistan viele wichtige Reformen durch, und die Menschen achteten sie dafür.

In ihrer Jugend gab sich Benazir selbst die Antwort auf die Fragen: „Wer bin ich?" und „Wohin gehe ich?"

Ich bin diejenige, die die demokratische Regierung in meinem Land wiederherstellen und die Reformen bringen wird, die meinem Volk das Leben leichter machen werden.

Benazir nahm viele Mühen auf sich, sowohl emotional als auch geistig, um ihren Auftrag zu erfüllen. Sie bewies großen Mut als sie verfolgt, unterdrückt und inhaftiert wurde. Jeden einzelnen Tag lebte sie für ihr Ziel und tat alles, was sie konnte, für das Wohlergehen ihres Landes.

Sie organisierte die Verstaatlichung der Erdöllager und sorgte dafür, dass Geld in die Einrichtung sozialer Programme floss. Ihre Reformen führten dazu, dass das Analphabetentum im Land um ein Drittel reduziert wurde, die Ansteckung an Polio wurde verhindert, armen Dörfern wurde Elektrizität und Trinkwasser zugänglich gemacht. Darüber hinaus führte sie freie Gesundheitsversorgung und Bildung ein und steigerte für diese Zwecke die Budget-Ausgaben.

Während ihrer Amtszeit vergrößerte sich die Gesamtmenge der externen Investitionen um ein Mehrfaches, und die wirtschaftliche Entwicklungsrate in Pakistan war höher als im

Nachbarland Indien. Diese Reformen Benazir Bhuttos wurden hochgeschätzt, nicht nur bei Pakistanern.

1996 wurde sie in das Guinness Buch der Rekorde aufgenommen als beliebteste internationale Politikerin des Jahres. Ihr wurde die Ehrendoktorwürde der Oxford Universität verliehen, ein French Order of the Legion of Honor und viele andere Auszeichnungen.

Weil sie den Sinn ihres Lebens kannte schaffte sie es, Reformen in den Bereichen Bildung, Medizin und Regierungsinstitutionen einzuführen, sie arbeitete jeden Tag bis an die Grenzen ihrer Kapazität, um ihre Bestimmung zu erfüllen. Sie führte viele Reformen in ihrem Land ein, das Volk in Pakistan betete sie buchstäblich an. Weil sie den Sinn ihres Lebens kannte konnte sie durch all diese Schwierigkeiten gehen und Hindernisse überwinden.

Am 27. Dezember 2007 wurde Bhutto das Opfer einer Terrorattacke in der Stadt Rawalpindi, wo sie auf einer Versammlung vor ihren Unterstützern sprach. Nach der Versammlung schoß ihr ein Selbstmordattentäter in den Hals und die Brust und zündete eine Bombe. Bhutto wurde mit ernsthaften Verletzungen ins Krankenhaus eingeliefert und starb auf dem Operationstisch ohne das Bewusstsein wiedererlangt zu haben.

Am Schicksal dieser Frau sehen wir die starke Hingabe an das wichtigste Ziel, die Demokratie ihres Landes wiederherzustellen. Sie nahm große Mühen auf sich und setzte ihre inneren und intellektuellen Ressourcen ein, um ihrem Volk zu einem höheren Lebensstandard zu verhelfen und die staatliche Regierung auf demokratischen Prinzipien aufzubauen. Ihre Hingabe an das Ziel, das Wissen um ihre Bestimmung, halfen ihr dabei, Schmerz, Hindernisse, Krisen und Gefängnis durchzustehen. Sie hatte nicht zu viel Angst vor Terrorattacken und wurde zur einflussreichsten

Frau Pakistans und eine bekannte Politikerin in der Welt. Sie war die erste Frau, die zum Oberhaupt einer islamischen Regierung in der neuesten Geschichte gewählt worden war.

So wertschätzte die Weltgemeinschaft ihre Errungenschaften:

- United Nations Human Rights Award,
- Liberal International Prize for Freedom (1989),
- Academy of Achievement Award (2000),
- Mitglied der Phi Beta Kappa Gesellschaft.

Bedeutende Menschen haben Ziele und erreichen sie.

Es ist wichtig zu wissen, dass Ziele klar formuliert werden müssen. Es ist gut, sie aufzuteilen und erst dann über einen Plan nachzudenken, wie man sie umsetzt.

Danach muss man bewusst und sorgfältig einen Plan ausarbeiten, wie man sein Ziel erreicht. Warum sollte man es so machen? Dein Bewusstsein, das für das Treffen von Entscheidungen und für die Zielsetzung verantwortlich ist, wird deinem Unterbewusstsein Aufgaben stellen, die zu lösen sind. Also wird dein Unterbewusstsein daran arbeiten, diese zu lösen. Deshalb musst du deine Ziele und Pläne aufschreiben.

1. Wenn du deine Bestimmung und deinen Auftrag definiert hast, ist es notwendig:

- dein Programm zur Umsetzung deiner Ziele täglich auszuführen
- Jeder von uns muss etwas haben, für das er lebt: Einen Standpunkt, einen Satz.
- Sich realistische Fristen für dessen Umsetzung zu setzen

- „Bedeutende Menschen werden aufgrund des Rahmenkonzepts, der Routine und der Gewohnheiten, die sie für sich selbst bestimmt haben, bedeutend."
- Setze fest, was du jeden Tag tun solltest, um deine Ziele zu erreichen.
- Lass dieses Handeln zu einem System von sich regelmäßig wiederholenden Handlungen werden, mache sie zu deiner Routine
- Komme jeden Tag mit deinen Zielen in Berührung. Das bedeutet, dass du einen Teil des Planes ausführst, um deine Ziele innerhalb des zeitlichen Rahmens, den du dir gesetzt hast, zu erreichen.

2. Denke daran, dass wir nicht alle Details unseres Lebensauftrages wissen werden. Es gibt aber nichts, wovor man Angst haben müsste. So weißt du heute z. B. nicht genau, ob du einmal Kultusminister sein wirst. Du weißt vielleicht, dass deine Berufung im Bereich der Bildung liegt, aber du weißt nicht genau, ob du zum Kultusminister berufen bist. Du kennst den Auftrag deines Lebens vielleicht ganz allgemein. Vielleicht kommt das Wissen „Wohin gehe ich?" während du deine Aufgabe nach und nach umsetzt und dich ihr widmest. Manchmal hängt es davon ab, wie treu man im Kleinen ist. Vielleicht verbringt man ständig seine Zeit damit, über bestimmte Themen zu lesen, oder man arbeitet daran, seinen Traum oder seine Idee umzusetzen, sieht jedoch nicht gleich Ergebnisse. Du tastest dich langsam vorwärts, verlässt sich auf deinen Glauben und handelst gemäß deiner Intuition.

3. Auch wenn du weißt, wohin du gehst und was für Probleme du lösen musst, kennst du vielleicht nur die direkt bevorstehenden Aufgaben und weißt nicht um alle Aufgaben, die vor dir liegen.

Um die Frage zu beantworten „Wohin gehe ich?" muss man an sich selbst arbeiten, entschlossen sein, den Willen zum Sieg und Hingabe haben. Es ist wichtig, an Reife, Festigkeit und Mut zu gewinnen, um das Ziel erreichen zu können.

Andererseits ist auch der Prozess der Recherche sehr wichtig. Man sollte alles lernen, was mit seinem Ziel zu tun hat, alle Details studieren, wie man sein Ziel erreichen kann. Lerne alles über dein Gebiet, indem du dich weiterbildest, dein Ziel gewissenhaft analysierst und alles darüber lernst. Je tiefer wir in unser Gebiet eintauchen, desto mehr lernen wir die Details kennen. Wir können Menschen finden, die auf unserem Gebiet erfolgreich sind, aus deren Erfahrung lernen und einige wichtige Dinge konkreter verstehen. Durch all diese Prozesse müssen wir gehen, um zu verstehen, was unsere Berufung ist.

4. Um den Auftrag unseres Lebens zu verstehen und die Frage beantworten zu können: „Wohin gehe ich?" müssen wir unsere Persönlichkeit entfalten und formen. Dieser Prozess nennt sich Selbstverwirklichung. Maslow, einer der klassischen Autoren der Psychologie, sagt: „Selbstverwirklichung ist auch ein fortlaufender Prozess, um potenzielle Kapazitäten zu entdecken. Es liegt nahe, seine Fähigkeiten und seinen Verstand einzusetzen, als auch „zu arbeiten, um das was man tut gut zu machen".

> *Großes Talent und Vernunft sind nicht dasselbe wie Selbstverwirklichung. Viele begabte Menschen konnten ihre Fähigkeiten nicht voll nutzen, während andere, die vielleicht nur durchschnittliche Talente hatten, Unglaubliches leisteten.*
>
> R. Freyger „Abraham Maslow and psychology of self-actualization." Psychology of a Personality Collection of works, Moscow; Moscow State University, 1982, S. 25

> *"Es gibt nur einen besten Weg, um ein gutes Leben zu haben: Versuche, immer mehr du selbst zu sein. Lerne, wie man die Depressiven freisetzt, erforsche dein Inneres, höre der „Stimme des Impulses" zu, um dein majestätisches Wesen zu offenbaren, um durchdringend zu verstehen, die Wahrheit zu erfassen – das ist es, was man dazu braucht."*   Abraham Maslow,
>
> Psychologe. Er gilt als ein Gründervater der Humanistischen Psychologie

Wir müssen uns selbst kennenlernen, indem wir unsere speziellen Gaben und Talente entdecken, die einzigartigen Charakterzüge unserer Persönlichkeit.

> *„Wahre Selbstverwirklichung geschieht nur, wenn wir uns selbst, unser eigenes Wesen, kennen und es begreifen" A. Maslow*

Zu diesem Thema nennt der amerikanische Psychologe Frank Purls das Beispiel eines Elefanten und eines Adlers. Beide haben ihr eigenes Potenzial, das sie in ihrem Leben einsetzen. „Sie sind was sie sind", sagt er, „wie absurd würde es aussehen, wenn ein Elefant es leid würde, mit seinen Füßen auf dem Boden aufzustampfen und sich wünschte fliegen zu können, Kaninchen auszunehmen und Eier zu legen.

Dasselbe gilt für einen Adler, der die Kraft und die dicke Haut des Elefanten haben möchte." Ja, ein solches Verhalten wäre lächerlich für Tiere, aber für uns ist es in gewisser Hinsicht akzeptabel. Anstatt uns selbst zu verwirklichen, sind wir damit beschäftigt, das Leben anderer zu klonen.

Carl Rogers, ein berühmter Psychologe und Psychotherapeut, sagt dass ein Mensch, der es sich erlaubt, das zu sein was er wirklich ist, ein umgänglicherer Mensch ist.

Rogers K. A. look at psychotherapy. Formation of a person. M. Progress 1994, -480 p.

Der amerikanische Psychologe Abraham Maslow sagt, dass das Bedürfnis eines Menschen nach Selbstverwirklichung nur der Wunsch ist, zu dem zu werden, was er sein kann, die Dinge zu tun, für die er geboren wurde. Wenn ein Mensch sein Bedürfnis nach Selbstverwirklichung nicht befriedigt, dann nehmen Angst und Unzufriedenheit zu.

Der *Prozess der Selbstverwirklichung* bedeutet für einen Menschen, sein Lebensziel bewusst zu wählen und ist der Weg, dieses zu erreichen. Der Mensch ist dann mit Problemen konfrontiert, er nimmt Herausforderungen an und bemüht sich, Probleme zu lösen und seine Ziele umzusetzen. Wenn wir Probleme lösen verbessern wir uns und entwickeln uns weiter, wir gelangen zur Reife und werden willensstärker. Wenn wir diese Herausforderung nicht annehmen und in der Komfortzone verharren, bauen wir immer weiter ab.

Das Leben von Mikhail Lomonosov ist das Beispiel eines Mannes, der sich selbst verwirklicht hat, der für sein Durchhaltevermögen, seinen Willen zu gewinnen, seine Fähigkeit, Herausforderungen anzunehmen und seinen Fleiß viel Dank verdient hat. Das Leben Lomonosovs ist ein gutes Beispiel eines

Mannes, der die Antwort auf die Frage: „Wohin gehe ich?" kannte und sein Ziel erreichte.

Geboren in einer Bauernfamilie in einer abgelegenen Region am Meer und scheinbar dazu verurteilt, so zu leben wie seine Vorfahren, konnte Lomonosov sich selbst das Lesen und Schreiben beibringen und sich weiterbilden. Nachdem er sein Zuhause verlassen hatte, ohne Mittel für seinen Lebensunterhalt, wodurch er unglaubliche Armut erlebte, begann der junge Mann an der Slawisch-Griechisch-Lateinischen Akademie zu studieren. Er wurde dort von seinen Klassenkameraden verspottet, die beinahe nur halb so alt waren wie er, und …machte gute Fortschritte und schloss drei Studiengänge in einem Jahr ab. Jetzt wo er zu den besten Studenten gehörte, wurde er zum Studium nach Deutschland geschickt, wo er die vielen Facetten seiner Interessen bewies, indem er sich mit Philosophie, Physik, Mathematik, Bergbau und Chemie beschäftigte. Es ist erstaunlich zu sehen, wie er in der Wissenschaft aktiv war, und wie eine wissenschaftliche Entdeckung nach der anderen folgte, in fast allen bekannten Wissenschaften: Astronomie und Geografie, Geologie, Metallkunde, Seefahrt, Geschichte und Kunst. Viele der Ideen Lomonosovs wurden erst 100 oder 200 Jahre später wissenschaftlich anerkannt, als die Wissenschaftler endlich die richtige Ausrüstung hatten, um seine Theorien zu prüfen. Alexander Pushkin, der herausragende russische Dichter, hat Lomonosov richtigerweise als „unsere erste Universität" bezeichnet.

Wie wir am Beispiel Lomonosovs sehen, kannte er die Bestimmung seines Lebens, verfolgte diese zuversichtlich und erreichte sein Ziel. Weder fehlende Finanzen noch das Gespött seiner Klassenkameraden konnten ihn aufhalten. Er nahm alle Herausforderungen seines Lebens an, weil er wusste wer er war. Er kannte die Bestimmung seines Lebens und widmete sich dieser voll und ganz. Er arbeitete an sich selbst, indem er Hindernisse überwand und seine natürlichen Fähigkeiten weiterentwickelte. Jedes Problem machte ihn dabei stärker.

Wer seine Ziele verfolgt, der verbessert sich, entwickelt sich weiter und entdeckt sein Potenzial.

Wenn sich ein Mensch weigert, sein Potenzial zu entfalten, kann dies zu nervösen oder mentalen Störungen, somatischen Krankheiten und persönlichem Abbau führen.

Wenn in einem Land, einer Region, einer Gesellschaft die Bedingungen fehlen, damit Menschen sich verwirklichen können, führt das zur Stagnierung und zur sozialen und wirtschaftlichen Krise.

Lasst uns schlussfolgern: Um die Frage zu beantworten „Wohin gehe ich?" muss man seinen Auftrag nicht nur verstehen, sondern auch an sich arbeiten, um besser zu werden. Nutze deine Stärken und stärke deine Schwächen. Entwickle dich weiter, bilde dich weiter und entwickle Willen und Stabilität. Dies ist ein lebenslanger Prozess.

5. Es ist wichtig, seinen Auftrag und sein Ziel genau zu studieren. Kontinuierliche Selbstentfaltung und Weiterbildung sind ebenfalls sehr wichtig. Man sollte alles lernen, was einem dabei helfen kann, seine Ziele zu erreichen.

Die Persönliche Entwicklung ist „eine Entwicklung, die von inneren Beweggründen abhängt, unabhängig von den äußeren Faktoren."

Lasst uns das Thema Selbstentfaltung am Beispiel von Benjamin Franklin betrachten – einem Politiker, Diplomaten, Wissenschaftler, Erfinder, Journalist und Verleger.

Benjamin Franklin liebte von Kindheit an Bücher, und er erreichte viel durch das Lesen, was seine ständige Weiterentwicklung und seine Liebe zum Wissen förderte. Seit er 16 Jahre alt war studierte er Sprachen und Philosophie – im besonderen Sokrates und Pythagoras, sowie Rhetorik.

Franklin begann, in der Druckerei seines Bruders zu arbeiten, aber schlechte Arbeitsbedingungen zwangen ihn, einen Weg zu finden, um seinen Vertrag zu beenden. Als der Vertrag beendet wurde, konnte Franklin keinen Job in der Stadt finden, weil sein Bruder alle Druckereien der Stadt aufgesucht und deren Betreiber überredet hatte, Franklin nicht einzustellen.

Aber wie zuvor schon gesagt, der Mensch, der ein Ziel hat, gibt nicht auf, wenn ihm Hindernisse begegnen, und indem er sie überwindet verbessert er sich. Franklin ging in einen anderen Staat, um so weit wie möglich von seinen Verwandten entfernt zu sein.

Weil er hart arbeitete und verantwortlich handelte, stellte sich schließlich heraus, dass der junge Franklin das Druckgewerbe besser verstand als viele Druckereibesitzer.

Wie wir sehen können schaffte es Franklin, der seine Berufung kannte und sich weiterbildete, schon mit 18 Jahren, der Beste auf dem Gebiet des Druckens zu sein. Er war besser als alle Druckereibesitzer, die älter waren und mehr Erfahrung hatten als er. So konnte er sich in Philadelphia erfolgreich niederlassen und war als der beste Experte auf diesem Gebiet bekannt.

Sein Erfolg bei der Arbeit und beim Schreiben von Artikeln, die er manchmal schaffte zu veröffentlichen, machte es ihm möglich, mit nur 18 Jahren mit dem örtlichen Gouverneur befreundet zu sein. Dieser überredete Benjamin, nach Großbritannien zu reisen, um Ausrüstung für eine neue Druckerei zu besorgen und versprach ihm finanzielle Unterstützung. Franklin musste allerdings 18 Monate in London leben und arbeiten. Aufgrund dieser Umstände, die höhere Gewalt waren, schaffte es Benjamin Franklin, dort noch mehr Erfahrung zu sammeln.

Ein Mann, der direkt auf sein Ziel zugeht, überwindet Schwierigkeiten und Hindernisse auf seinem Weg und verwandelt sie in Chancen. Er verwandelt Herausforderungen in Gelegenheiten und verbessert sich, indem er Hindernisse überwindet.

Als er 20 Jahre alt war kam er zurück nach Philadelphia, wo er die Prinzipien des Geschäftslebens und der Finanzberichterstattung lernte. Sogar in seinem jungen Alter boten ihm seine vorherigen Arbeitgeber an, als Druckereimanager zu arbeiten.

Bald tat er sich mit einem seiner Kollegen als Partner zusammen und begann seine eigene Druckerpresse.

Etwa ein Jahr zuvor hatten Franklin und seine Freunde einen Club gegründet, um weiterzukommen, wo sie sich regelmäßig trafen und sinnvolle Ideen austauschten. Sie erstellten Berichte zu interessanten Themen, tauschten Bücher aus, und Jahre später bereitete dieser Geheimclub Entwürfe neuer Banknoten vor. Hier bekam Benjamin Franklin die ersten Bestellungen für seine Druckerei, Dank der neuen Beziehungen und Bekanntschaften.

Wir sehen daran, wie wichtig Selbstentfaltung ist. Seine Bestimmung zu kennen half Franklin, alle seine verfügbaren Reserven zu Gunsten seines Zieles zu nutzen, und der Club wurde zu einer weiteren Gelegenheit. Franklin nutzte den Club als Möglichkeit, sein Ziel zu erreichen. Er bekam neue Bestellungen und neue Freunde, die ihm auch dabei behilflich waren, sich als Politiker weiterzuentwickeln.

Nach einer Weile brachte Franklin bereits seine eigene Zeitung heraus, druckte Papiergeld für die Regierung und führte andere große Aufträge aus – in vielen Aspekten hatte er das seiner Arbeit zu verdanken, deren Qualität in Vergleich zur Konkurrenz für das bloße Auge sichtbar war. Außerdem halfen ihm seine Aktivitäten in der Öffentlichkeit dabei, sich mit zukünftigen Kunden zu befreunden.

In seinen Zeitungen veröffentlichte er Artikel über wichtige soziale Projekte und, zusammen mit seinen Freunden vom Club, zog er das Interesse der Regierung und der gewöhnlichen Bürger auf sich. Seine Bemühungen führen dazu, dass Straßen mit Pflastersteinen asphaltiert wurden, städtische Straßenkehrer eingesetzt und die Straßen beleuchtet wurden.

Das klingt beeindruckend, die Erfindungen wie Heizsysteme, an deren Entwicklung Benjamin Franklin ebenfalls Anteil hatte, gar nicht erwähnt. Schließlich trug er dazu dabei, Kapital aufzubringen, um das erste städtische Krankenhaus zu gründen und eine Kirche zu bauen. Er war einer der Gründer einer öffentlichen Schule, die später zur Universität von Philadelphia wurde.

Wir sehen in Franklins Leben einen gewaltigen Fortschritt. Er wusste, wer er war, er kannte seinen Auftrag und bildete sich auf seinem Gebiet weiter. Er wurde nicht nur Besitzer einer Druckerei, sondern auch Schriftsteller, sozialer Aktivist, Autor von Banknoten und der Gründer einer Universität.

Entgegen dem weitverbreiteten Glauben, dass nur US-Präsidenten auf den amerikanischen Banknoten erscheinen, war Franklin niemals Präsident der Vereinigten Staaten, sondern nur ein einfacher Präsident des Supreme Executive Councils von Pennsylvania und einer der Gründerväter, die die Unabhängigkeitserklärung im Jahre 1776 unterschrieben (als

Vertreter des Vereinigten Königreiches). Diese historischen Errungenschaften reichten aber schon aus, dass seine Lebensprinzipien, seine Denkweise, seine Bereitschaft zu arbeiten und seine Ausdauer, ein Vorbild für viele Menschen verschiedener Generationen geworden ist.

6. Je früher wir die Antwort auf die Frage „Wohin gehe ich?" finden, desto mehr können wir im Leben erreichen.

Um unseren Auftrag im Leben zu erfüllen, müssen wir zunächst einmal Ausdauer entwickeln, denn auch wenn wir die Frage „Wohin gehe ich?" beantworten, ohne Ausdauer werden wir unser Ziel nicht erreichen können. Um also unsere Ziele zu erreichen, benötigen wir

- Ausdauer
- Beharrlichkeit
- Durchhaltevermögen

Dies sind einige der wichtigsten Eigenschaften, die man benötigt, um Erfolg im Leben zu haben und sich zu verwirklichen. Ausdauer und Beharrlichkeit sind einige der wichtigsten Bestandteile einer Persönlichkeit.

Ohne diese sind wir wie Tiere und werden zu einer „grauen Masse".

Wenn diese Eigenschaften im Charakter einer Person fehlen, dann ist es als fehlte einem Menschen das Rückgrat.

„Ausdauer ist eine harte Arbeit, die du tust, nachdem du von der harten Arbeit, die du bereits getan hast, müde geworden bist."

Newt Gingrich, ein amerikanischer Politiker

Der **Wille** beinhaltet Ausdauer, Beharrlichkeit und Durchhaltevermögen.

Wenn eine dieser drei Eigenschaften fehlt, dann hat dieser Mensch einen schwachen Willen.

Wenn ein Mensch einen starken Willen hat, dann ist er immer engagiert und aktiv.

Eigeninitiative bedeutet die Fähigkeit

- sich aktiv Ziele zu setzen und Mittel und Wege zu finden, um diese zu erreichen;
- seine Gedanken, Gefühle und Handlungen diesem Ziel unterzuordnen
- Initiative zu zeigen

Was Ausdauer bedeutet:

- „Rückgrat" – die Fähigkeit, Willen und Charakter zu zeigen, um seinen Standpunkt zu verteidigen.
- Fleiß – Der Wille, zu arbeiten und dabei ausdauernd zu sein.

Nichts auf der Welt kann Ausdauer ersetzen, auch nicht das Talent. Nichts gibt es häufiger als erfolglose Menschen mit Talent. Nicht Genialität, Genies ohne Belohnung sind fast schon sprichwörtlich. Nicht die Bildung, die Welt ist voller gebildeter Menschen, die hilflos sind.

„Ausdauer und Entschlossenheit alleine sind allmächtig. Der Slogan „Geh voran!" hat bisher viele Probleme gelöst und wird immer die Probleme der Menschheit lösen."

Calvin Coolidge, der 30. Präsident der Vereinigten Staaten.

Also sind nur Ausdauer und Entschlossenheit allmächtig.

- Entschlossenheit
- Mut und Selbstvertrauen
- Die Fähigkeit, Entscheidungen schnell, gut durchdacht und sicher zu treffen und durchzuführen
- Ausdauer

Es handelt sich dabei um einen Charakterzug, der sich in Beharrlichkeit und Beständigkeit zeigt, sein Ziel zu erreichen, koste es was es wolle, trotz aller Hindernisse.

- Standhaftigkeit

Standhaftigkeit ist wie die Ausdauer die Fähigkeit, durchzuhalten und festzustehen.

Es bedeutet auch, seinen Glaubensüberzeugungen und Sichtweisen hingegeben zu sein.

> *Wenn nichts mehr zu helfen scheint, schaue ich einem Steinmetz zu, der vielleicht 100mal auf seinen Stein einhämmert, ohne dass sich auch nur der geringste Spalt zeigt; doch beim 101. Schlag wird er entzweibrechen, und ich weiß, dass es nicht dieser Schlag war, der es vollbracht hat - sondern alle Schläge zusammen."*
>
> *Jacob Riis, ein amerikanischer Fotograph*

Weil er ausdauernd und beständig war, hat Thomas Edison, der weltberühmte amerikanische Erfinder und Unternehmer, die Glühbirne erfunden, trotz vieler gescheiterter Versuche und wurde zu einem weltbekannten Wissenschaftler.

Mozart spielte bereits im Alter von drei Jahren Klavier und begann dann, seine eigene Musik zu schreiben. Er hat das sein Leben lang beständig getan. Später wurde er zu einem weltberühmten Komponisten.

Als Bach gefragt wurde, wie es ihm gelungen war, solche Werke zu schreiben, sagte er: *„Wenn jeder so viel arbeiten würde wie ich, hätte jeder so viel erreicht wie ich."*

Seine Antwort zeigte, dass Ausdauer und harte Arbeit ein wesentlicher Bestandteil eines jeglichen Erfolges sind.

....

„Es liegt nicht daran, dass ich so klug bin, es ist nur so, dass ich länger an den Problemen arbeite."

Albert Einstein, einer der Gründer der modernen theoretischen Physik.

....

Beharrlichkeit und Ausdauer sind das großartigste Werk.

Jeder kann aufgeben. Das ist die einfachste Art, ein Problem zu lösen. Wenn du müde bist, dann ruhe dich aus. Danach mache weiter und verfolge dein Ziel, zeige Beharrlichkeit, Ausdauer und Beständigkeit. Wenn du am Ende ein Ergebnis erzielt hast, dann wirst du selbst sehen: „Das war es wert".

Triff deine Entscheidung: „Du musst das Rennen gewinnen."

....

„Das was einen Menschen am meisten auszeichnet, ist die Beharrlichkeit, mit der er die schwierigsten Hindernisse überwindet."

Ludwig van Beethoven, deutscher Komponist und Pianist.

....

Gib niemals auf. Nach einer langen Nacht kommt immer der Morgen. Wenn es also scheint als gebe es keinen Ausweg, denke immer daran – der Morgen wird kommen.

Wenn wir Ausdauer zeigen, dann werden die Gesetze des Universums zu unseren Gunsten wirken.

> *„Eine stabile Psyche ist, wenn sich das Leben sein Bein bricht, während es dich tritt."*   *Eine Volksweisheit*

Ich kann es nicht lassen, das Beispiel eines erstaunlichen Mannes namens Alex zu nennen, der während einer Bergwandertour beide Beine verlor. Dieser Mann gab nicht auf, und obwohl er keine Beine mehr hatte schaffte er mehr als gesunde Menschen mit einem vollständigen Körper es zu tun vermochten. Diese Geschichte handelt von einem mutigen Mann, der es schaffte, seine ganze Kraft und Energie zu mobilisieren, seine Bestimmung zu erfüllen, sein Ziel zu erreichen und seinen Traum zu verwirklichen obwohl ihm beide Beine amputiert worden waren. Er hätte in Verzweiflung ertrinken und aufgeben können. Alex nutzte dieses zu bewältigende Hindernis aber, um zu einem Mann mit einem starken Geist zu werden und andere mit seinem Beispiel zu ermutigen.

Alex brach sich 2009 während einer Trainingstour beim Bergwandern auf dem Berg Elbrus beide Beine, welche dabei Erfrierungen erlitten. Dennoch konnte er nach zwei Jahren wieder Ski fahren, laufen und arbeiten.

Alex nahm nur zwei Jahre nach seiner schweren Verletzung das Training wieder auf und begann, an seriösen Wettbewerben teilzunehmen. Heute ist der Sport einer der wichtigsten Bereiche in seinem Leben. Er schaffte es, den dritten Platz bei der Winter-

Olympiade zu machen – zwei Konkurrenten, die keine Finger hatten, hatten ihn überholt.

Wie man sieht, können einen Menschen, der sich seiner Bestimmung, seines Zieles und seines wahren Seins bewusst ist, weder Verletzungen noch ein schlechter Gesundheitszustand abhalten. Wie man sieht, kann auch ein Mensch ohne Beine Champion werden.

Was ist der Sinn deines Lebens? Was gibt dir einen Grund zu leben?

Vielleicht liegt der Grund zu leben für mich in meinem inneren Vertrauen. Eigentlich möchte ich meine Meinung nicht ausdrücken, indem ich biblische Aussagen benutze, aber sie drücken es noch genauer aus: „Jeder von uns wurde in Gottes Ebenbild geschaffen, ihm ähnlich". Es ist immer ganz wichtig, das zu wissen und zu fühlen. Wenn ein Mensch sich dieser Tatsache bewusst ist, werden alle Hindernisse als gewöhnliche Arbeit wahrgenommen, die getan werden muss.

Siehst du, was für eine Bedeutung positive Selbsteinschätzung und die richtige Selbstidentifikation haben können? Alex erreichte seine Ziele und lebt seine Berufung allein aufgrund seines gesunden Selbstbewusstseins.

Liebe hat heute für mich die wichtigste Bedeutung. Ich weiß, dass es sich schrecklich anhört, aber so ist es. Darüber hinaus umfasst die Definition Liebe nicht nur die Beziehung zwischen Menschen. Wenn ein Mensch seine Arbeit nicht liebt, wird er gewiss verlieren. Wenn wir uns einen Baum ansehen, können wir tausende verschiedener Merkmale sehen, wie Millionen von Blättern, Zweigen und Rinde. Allerdings gehört zu einem Baum noch mehr als das. Der Baum hat eine gewisse Schönheit. Es ist nicht mehr als ein gewisses unnatürliches idealisiertes Licht, aber wenn wir die Chance haben, es zu sehen, beweist das der Umwelt die Existenz der Liebe. In dem Moment, wo es verschwindet, ist alles verloren.

Alex überwand sich, gewann den Kampf mit seiner Behinderung und verlor den Glauben an sein Leben und sein Ziel nicht. Seine Verletzung hielt ihn nicht auf, also geht er weiter auf sein Ziel zu und kommt seinem Traum näher. Er ist voller Energie und Enthusiasmus. Seine Seele und sein Geist sind gesünder als unserer, obwohl wir nicht behindert sind. Er hat nicht aufgehört, sein Leben zu leben trotz aller Hindernisse, mit denen er konfrontiert war. Er schaut nicht auf seine Probleme, er richtet sein Herz auf den Sieg und auf neue Gelegenheiten aus. Er entschied sich, niemals aufzugeben und selbstbewusst voranzugehen. Lasst uns lernen, standhaft und mutig zu sein, zuversichtlich und hartnäckig, einen Geist zu haben, der den Willen hat zu gewinnen, und sich dabei das Leben solcher Menschen zum Vorbild nimmt.

Ausdauer wird belohnt.

Ein Mensch braucht viel Zeit, um komplizierte Probleme zu lösen und noch ein bisschen mehr Zeit, um das zu vollenden was unmöglich erscheint. Der letzte Schlüssel eines großen Schlüsselbundes öffnet die Tür.

Wenn ein Mensch den Wunsch hat, auf die nächste Stufe zu gelangen, sollte er nicht nur mehr arbeiten, er sollte noch mehr tun als er gestern getan hatte.

Wir sind Menschen mit unbegrenzten Möglichkeiten.

Wenn du die maximale Ausdauer und Zeit aufwendest, dann wirst du:

- Jede Stadt erobern können;
- Jedes Problem lösen können;
- Jeden Traum verwirklichen können.

Du musst dich nur entscheiden. Du musst deine Zeit opfern und dir die größte Mühe geben.

Alles wird getan werden, aber nicht sofort

Es ist ein Fehler zu glauben, dass alles, womit man beginnt, immer vom ersten Versuch an richtig sein muss. Sei darauf vorbereitet, einen Fehler zu machen, denke jedoch daran: Wir können alles tun!

Lasst nicht zu, dass die Furcht uns die Zeit stiehlt, durch Gedanken wie „Es wird nichts dabei herauskommen", „Ich kann das nicht" usw.

„Mit einem gewöhnlichen Talent und einer außerordentlichen Ausdauer sind alle Dinge möglich."

Thomas Fowell Buxton – ein englischer Politiker und eine Persönlichkeit des öffentlichen Lebens.

Schlussfolgerungen

1. Man muss das Ziel seines Lebens klar bestimmen. Jeder Mensch sollte eine Tätigkeit, einen Standpunkt oder einen Leitspruch haben, für den er lebt.

2. Man muss sich die richtigen Fristen setzen, um seine Ziele zu erreichen.

3. Man muss entscheiden, was man jeden Tag tun sollte, um seine Ziele innerhalb der gesetzten Zeiträume zu erreichen.

4. Man muss mit seinem Ziel in Kontakt kommen, indem man jeden Tag ein gewisses Pensum an Arbeit dafür leistet.

5. Du weißt vielleicht nicht von Anfang an alles über deine Berufung, aber du weißt vielleicht schon, in welche Richtung es geht und um welchen Bereich. Mach weiter!

6. Du musst an dir arbeiten und deine individuellen Charakterzüge entwickeln, um dein Ziel zu erreichen. Es ist eine Art Selbsterziehung.

7. Du musst dein Fach gründlich studieren.

8. Entwickle Ausdauer, starken Willen und Beständigkeit in deinem Charakter.

Goldenen Wahrheiten

1. Wenn wir uns ein Ziel setzen, dann beginnt unser Körper

- im Inneren selbstständig Energie zu erzeugen;
- alle Kraft in eine Richtung hin zu mobilisieren. Es ist die Absicht unseres Schöpfers, dass wir unsere Ziele leichter erreichen.

2. Ein Mensch muss an sich arbeiten, seiner Entschlusskraft und Gewinnermentalität, Reife erlangen, Ausdauer und Mut, um die Frage beantworten zu können „Wohin gehe ich?" Darüber hinaus helfen uns diese Charakterzüge dabei, unser Ziel zu erreichen.

3. Ein Mensch muss zur Persönlichkeit heranreifen und seinen Charakter formen, um sein Ziel und seine Bestimmung zu erkennen und die Frage zu beantworten: „Wohin gehe ich?" Dieser Prozess nennt sich Selbstverwirklichung.

4. Wenn ein Mensch sich weigert, sein Potenzial zu entfalten, kann das zu vielen nervösen und geistigen Störungen führen, zu somatischen Krankheiten und zum Persönlichkeitsverlust. In einer Region oder Gesellschaft, wo die Bedingungen fehlen, sich selbst verwirklichen zu können, kommt es zu Stillstand und zu sozialen und wirtschaftlichen Krisen im ganzen Land.

5. Was ist am wichtigsten, um ein gesetztes Ziel zu erreichen?

- Ausdauer
- Standhaftigkeit
- Beharrlichkeit

Alle diese Charakterzüge sind extrem wichtig. Sie sollten auf eine Liste eingetragen werden, auf der steht, was für Charakterzüge ein Mensch haben muss, der Erfolg haben und sich selbst verwirklichen will.

6. Ein Mensch sollte ernsthaft an sich arbeiten, die emotionalen und intellektuellen Ressourcen in seinem Inneren einsetzen und sich alle Mühe geben, um das Ziel zu erreichen. Er sollte 18 Stunden am Tag arbeiten, um Erfolg zu erzielen und Meister auf seinem Gebiet zu werden, seine Bestimmung zu erfüllen und sein Ziel zu erreichen.

7. Erst wenn du deine Ziele klar definiert hast, wirst du eine Ausgangsbasis für die Entwicklung deiner Persönlichkeit haben.

Test: Bist du dir bewusst, welchen Sinn dein Leben hat?

1. Widmest du dich der Selbsterziehung/Weiterbildung?

a) Nein, ich habe bereits einen Abschluss an einer Schule gemacht. (0)

b) Manchmal, wenn mich ein Thema wirklich interessiert. (1)

c) Ich bin jeden Tag damit beschäftigt. (2)

2. Glaubst du, dass der Sinn deines Lebens darin besteht, zur Schule zu gehen, einen Universitätsabschluss zu machen oder ein Nachdiplomstudium?

a) Ja, das ist das Wesentliche für mich. (0)

b) Sich zu bilden ist wichtig, aber es muss ein Gebiet sein, das mich interessiert. (1)

c) Ich brauche die Bildung nur als Grundlage, um mein Ziel zu erreichen. (2)

3. Ist es eines der Hauptziele deines Lebens, eine Familie zu gründen?

a) Ja, das ist für jeden Menschen sehr wichtig. (0)

b) Es ist ebenso wichtig, eine Familie zu haben wie sich selbst im Leben zu verwirklichen. (1)

c) Ich lebe ganz für die Verwirklichung meines Zieles, was mir Befriedigung bringt. (2)

4. Bist du immer bei aktivem Bewusstsein?

a) Ich schalte während Gesprächen und langweiligen Treffen sehr oft ab. (0)

b) Ich tue mein Bestes, um mich zu beherrschen und im Hier und Jetzt zu sein, aber manchmal versage ich darin. (1)

c) Ich bin immer bei aktivem Bewusstsein. (2)

5. Kannst du 16-18 Stunden am Tag hart arbeiten, um dein Ziel zu erreichen?

a) Nein, ich muss mich ausruhen. (0)

b) Manchmal kann ich sogar die ganze Nacht lang aktiv sein, wenn es einen Notfall gibt oder wenn ich eine Frist einhalten muss. (1)

c) Ich kann 16 – 18 Stunden am Tag arbeiten, um mein Ziel zu erreichen. (2)

6. Hast du bereits alles getan und dich gewissenhaft darum bemüht, dein Ziel zu erforschen?

a) Nein, dafür hatte ich noch keine Zeit. (0)

b) Ich habe mich über mein Gebiet informiert, aber nicht sehr gründlich. (1)

c) Ich habe mein Gebiet gründlich und gewissenhaft von vorne bis hinten erforscht. (2)

7. Besitzt du Eigenschaften wie Ausdauer, Beharrlichkeit und Beständigkeit?

a) Nein, diese Eigenschaften sind in meinem Charakter nicht entwickelt. (0)

b) Diese Charakterzüge spielen zum Teil eine Rolle in meinem Leben, aber ich sollte weiterhin daran arbeiten, sie zu entwickeln. (1)

c) Ja, diese Charakterzüge sind in meinem Charakter sehr gut entwickelt. (2)

Testergebnisse

0 – 4 Punkte – Es tut uns leid, aber du hast dir die Frage noch nicht gestellt „Wohin gehe ich?" Du solltest dich nicht herabsetzen. Du solltest dich nicht als kleines Teil im Unternehmen sehen. Du hast Potenzial, du wurdest für ein wichtiges Ziel geschaffen, was du erkennen musst, um mit deinem Leben zufrieden sein zu können.

5 – 9 Punkte – Du suchst nach deinem wahren Ich, aber bist nicht beharrlich genug, um nach dem Sinn deines Lebens zu suchen. Du solltest lernen, im aktiven Bewusstsein zu leben, im Hier und Jetzt zu sein und die Frage zu beantworten: „Wer bin ich?". Auch solltest du in deinem Inneren ein Werte- und Glaubenssystem schaffen. Verlasse deine Komfortzone, glaube an dich und deine Gaben, und du wirst mit meinem Leben zufrieden sein und dein Potenzial entfalten können.

9 – 12 Punkte – Wir freuen uns für dich! Du bist dir bewusst, wer du bist und wohin du gehst. Du bist ein Mensch mit einem ausgereiften Verstand. Du hast an dir gearbeitet, und nun gehst du auf dein Ziel zu und erfüllst deine Bestimmung.

Praktische Aufgaben

1. **Schreibe so genau wie möglich auf, wann du dein Ziel erreichen willst.** Wenn du gern malst, kannst du den Weg dahin auch zeichnen.

2. **Denke nach und schreibe ein wirkliches Ziel auf, auf das du dich hinbewegst.** Vielleicht gehst du in die falsche Richtung. Zeichne deine Position auf deinem Bild ein.

3. **Wirst du dein Ziel rechtzeitig erreichen können, wenn du mit derselben Geschwindigkeit vorangehst wie jetzt?** Wirst du die Kraft haben, um die von dir gewählte Geschwindigkeit beizubehalten? Wenn du schneller vorangehen solltest, wie kann das gehen?

4. **Beschäftige dich mit den Dingen, die dich deinem Ziel näher bringen, oder mit denen, die dich im Gegensatz dazu von deinem Ziel abbringen.** Was kannst du tun, um dich auf die wesentlichsten Dinge im Leben zu konzentrieren?

5. **Die folgenden Übungen werden dir helfen, die Frage zu beantworten: Wohin gehe ich?**

6. **Der beste Tag meines Lebens!** Jeder träumt von einem idealen Leben. Was bedeutet es für dich, ein ideales Leben zu haben? Mit was möchtest du dich jeden Tag beschäftigen? In zehn Jahren sollte dein ideales Leben Wirklichkeit geworden sein.

7. **Das beste Jahr meines Lebens!** Beschreibe die Lebensweise, die für dich ideal wäre. Womit wirst du dich beschäftigen? Beschreibe detailliert deinen idealen Tag, Woche, Monat, deine Treffen, Reisen, Geschäftsleben etc.

Kapitel 6.

Das Werte- und Glaubenssystem

DAS WERTE- UND GLAUBENSSYSTEM

„Achte auf deine Gedanken; sie werden Worte.
Achte auf deine Worte; sie werden zu Handlungen.
Achte auf deine Handlungen, sie werden zu Gewohnheiten.
Achte auf deine Gewohnheiten, sie werden zu deinem Charakter.
Achte auf deinen Charakter; er wird zu deinem Schicksal."
Eine Volksweisheit

Lieber Leser! Nachdem du das vorige Kapitel dieses Buches gelesen hast, hast du dir sicher die Frage gestellt: „Was sollte ich tun, wenn ich mir die Frage noch nicht beantwortet habe „Wer bin ich?" und wenn ich nicht weiß, zu welchem Zweck ich auf den Planeten Erde gekommen bin?"

Ich vermute, dass dich das verwirren könnte, weil du dir bereits bewusst geworden bist, wie wichtig es ist, Antworten auf diese wesentlichen Fragen zu finden.

Wir haben dieses Kapitel in das Buch aufgenommen, damit es dir Nutzen bringt. Lies es aufmerksam. Setze alles praktisch um, das du in diesem Kapitel lernen wirst, dann wirst du bald ein Ergebnis sehen.

Lasst uns die wichtigsten Merkmale betrachten, die dein „Ich" und deine Persönlichkeit bilden, basierend auf deinem inneren Werte- und Glaubenssystem.

Du solltest zehn der wichtigsten Werte für dein Leben bestimmen und sie ihrer Priorität zuordnen. Bestimme den wichtigsten Wert und den am wenigsten wichtigen Wert.

Was bedeutet der Begriff „Wert" im Leben wirklich?

Dein innerer Kern, deine Werte und Glaubensüberzeugungen, die eine Basis für dein Leben bilden, machen dich zu einem Menschen.

Welche Werte du auswählst und welche Priorität du ihnen zuordnest hat Vorrang wenn es darum geht, dir Ziele zu setzen, denn diese Werte werden für dich ein Anhaltspunkt sein wenn du dir Ziele auswählst. Du siehst es z.B. als deinen Wert an, Menschen Liebe entgegenzubringen, aber gleichzeitig setzt du dir zum Ziel, Geschäftsmann zu sein. Sei dir bewusst, dass es deshalb zu Unstimmigkeiten in deinem Inneren kommen wird, weil eine Diskrepanz zwischen deiner Bestimmung und deinen Werten besteht.

Wenn du dein eigenes Geschäft hast, wirst du deine gesamte Zeit deinem Projekt widmen müssen, es wird bei dir an erster Stelle stehen, und du wirst nur sehr wenig Zeit für deine Familie haben, geschweige denn für die Kommunikation mit anderen Menschen. Die Berufung eines Geistlichen, der einer Gemeinde am Ort dient, oder eines Coaches, der Seminare zur Selbstentfaltung hält, damit Menschen ihr Potenzial entfalten können, wäre für Menschen mit diesen Wertmaßstäben passender. Jetzt verstehst du, warum es extrem wichtig ist, in kluger Weise seine Werte im Leben zu bestimmen.

Ich möchte gern einige Werte als Beispiel nennen: Gott, Berufung, Familie, Gesundheit, Bestimmung, Ausdauer, Karriere, Ehrlichkeit, Mut, Liebe, Freude, Beziehungen, Kreativität, Erfolg, Leidenschaft, Selbsterziehung, Dienst an Menschen, Freiheit, Freunde, Sicherheit etc.

Werte sind eine Kraft, die dazu dienen soll, uns voranzubringen. Wir treffen Entscheidungen, die uns unseren Zielen näherbringen, in Übereinstimmung mit den Werten, die wir uns für unser Leben gesetzt haben. Du kommst zu einer

Schlussfolgerung und handelst auf Basis der Werte, die du für dich bestimmt hast. Wie kannst du diese Werte sonst noch herausfinden? Du solltest darüber nachdenken, was der Hintergrund für dein Handeln ist.

Wir müssen ein System der Dinge entwickeln, die wir am meisten schätzen und denen wir den höchsten Wert beimessen. Dann ist es unbedingt notwendig, sich zu verpflichten, jeden Tag nach diesen Werten zu leben. Leider haben nur wenige Menschen in unserer modernen Gesellschaft den Wunsch, das zu tun. Oft haben Menschen nicht einmal die leisteste Ahnung, was die wesentlichsten Dinge in ihrem Leben sind.

Wie können wir mit harten Konfliktsituationen umgehen, vorübergehende Unannehmlichkeiten aushalten, massive Hindernisse überwinden und unsere Ziele erreichen, wenn wir nicht in der Lage sind, uns das Wesentlichste in unserem Leben vorzustellen, für das wir bereit sind, unter allen Umständen einzustehen?

Der Akademiker Sacharow [1] stand mit seiner Meinung alleine gegen die Gesellschaft, als die Regierung entschied, sowjetische Truppen nach Afghanistan zu schicken. Er konnte seine Werte und Glaubensüberzeugungen nicht verraten. Deshalb hatte er keine Angst vor Unterdrückung und Verfolgung, als er seine Sichtweise verteidigte.

[1] Andrei Dmitrijewitsch Sacharow war Physiker, der „Vater der sowjetischen Wasserstoffbombe", Dissident und Friedensnobelpreisträger. Wikipedia

Wer seine Werte ignoriert, kann keine richtigen Entscheidungen treffen. Wir müssen bedenken, dass alle Entscheidungen, die wir treffen, sich aus den Werten ableiten, die wir klar für uns definiert haben.

Wenn du z. B. Ehrlichkeit als einen deiner Werte betrachtest, dann hätte das zur Folge, dass du ein günstiges Angebot nicht annimmst, bei dem du gegen dein Gewissen verstoßen müsstest. Du würdest nicht lange über eine solche Entscheidung nachdenken müssen.

Wenn du weißt, was dir wirklich wichtig ist, wirst du sicherlich leicht eine Entscheidung treffen können. Allerdings haben die meisten Menschen kein klares Bild davon, was ihnen im Leben wirklich wichtig ist. Deshalb fällt es ihnen schwer, Entscheidungen zu treffen.

Menschen, die ihre Werte kennen und danach leben, werden zu Leitern in der Gesellschaft.

Wir müssen uns klar werden, was der bedeutendste Wert unseres Lebens ist, und uns entscheiden, im Einklang damit zu leben, egal unter welchen Umständen. Wir sollten an unseren Werten festhalten, egal ob sie gutgeheißen oder kritisiert werden. Menschen, die ihren Prinzipien und Glaubensüberzeugungen folgen, werden in unserer Gesellschaft bewundert und respektiert. Jeder von uns hat einen tiefen Respekt vor Menschen, die ihre Ansichten aufrechterhalten und ihre Überzeugungen unverhüllt zum Ausdruck bringen, auch wenn jemand ihre Meinung nicht teilt.

Martin Luther King war ein amerikanischer Geistlicher, ein Aktivist, und ein bekannter Führer der afrikanisch-amerikanischen Bürgerrechtsbewegung.

Den Menschen in den Vereinigten Staaten mehr Bürgerrechte verschafft zu haben, wird als seine größte Errungenschaft betrachtet. Er wurde zu einem Helden der Bürgerrechtsbewegung in Amerika und kämpfte für die Menschenrechte in der ganzen Welt.

Martin Luther King war Pastor einer Baptistengemeinde. Als Geistlicher der Baptisten begann King seinen Kampf für die

Bürgerrechte. Er kämpfte gegen den Rassismus und für soziale Veränderungen, durch außerordentlich gewaltfreie Methoden.

Als Mann von großer geistlicher Stärke leitete er die Bürgerrechtsbewegung in den USA in den 50er und 60er Jahren.

Er wurde zum Führer des Bus-Boykotts, wegen der Inhaftierung der Afro-Amerikanerin Rosa Parks, die sich geweigert hatte, ihren Platz im Bus freizumachen.

Der Boykott dauerte über ein Jahr. Im Haus von King wurde eine Bombe gelegt, aber er hielt dem Druck stand und erwarb landesweite Anerkennung und ein hohes Ansehen als Führer der Bürgerrechtsbewegung.

Er ist ein Beispiel dafür, wie ein Mensch für seine Werte und Überzeugungen einstehen kann. Die Bedrohung konnte seinen Gefühlen nichts anhaben, der Tötungsversuch jagte ihm keine Angst ein. Sein Name hat seinen Platz in der Geschichte des Landes, und heute ist er in der ganzen Welt bekannt und angesehen. Wie man sieht, lebte er nicht für Kleinigkeiten, sein Leben hatte Auswirkungen auf viele andere Leben und änderte sogar die derzeitige Gesetzgebung der USA.

Das geschah, weil er sein wahres Ich und den Zweck, für den er geboren war, nicht ignorierte. Er hatte sein eigenes Werte- und Glaubenssystem und besaß die innere Stärke, dafür einzustehen. Im Alter von 35 Jahren erhielt King den Friedensnobelpreis und wurde zu dessen jüngsten Preisträger in der Geschichte.

Weil King seine Überzeugungen verteidigte, wurde auch die Öffentlichkeit davon angesteckt und nahm diese Meinung an. Dadurch wurden einige Gesetze vom US-Kongress erlassen, die zu einem Meilenstein im Kampf für die Gleichberechtigung wurden: Das Bürgerrechtsgesetz, das Copyright-Gesetz, das Gesetz für faire Arbeitsbedingungen und das Unterkunftsgesetz.

> *„Ich habe einen Traum, dass sich eines Tages diese Nation erheben wird und die wahre Bedeutung ihrer Überzeugung ausleben wird: Wir halten diese Wahrheit für selbstverständlich: Alle Menschen sind gleich erschaffen."*   Martin Luther King

Auszeichnungen:

- Mann des Jahres 1963 (Time),
- Friedensnobelpreis – 1964,
- Margaret-Sanger Preis – 1966,
- Freiheitsmedaille des Präsidenten – 1977 (posthum),
- Goldene Ehrenmedaille des Kongresses – 2004 (posthum).

King war sich seines wahren Ichs bewusst. Er wusste, zu welchem Zweck er geboren wurde, er hatte ein System von Werten und Überzeugungen und die innere Kraft, um dafür einzustehen!

Sein Leben war ein Beispiel dafür, wie viel ein einzelner Mensch, der eine Persönlichkeit ist, die ihre eigenen Werte und Überzeugungen vertreten kann, verändern kann, trotz allem Druck der Gesellschaft und ohne Kompromisse zu machen wenn Schwierigkeiten auftreten.

Nur wer mit positiven Werten und Überzeugungen lebt kann sich selbst verwirklichen, seine Bestimmung erfüllen und voller Lebensenergie sein. Ansonsten werden wir leiden müssen.

Du kannst deine innere Welt ruinieren, wenn du nicht im Einklang mit deinen positiven Werten lebst. Wenn wir Kompromisse machen, fühlen wir uns frustriert und innerlich leer.

Rose hatte den Traum, Anwältin zu werden. Sie war eifrig darum bemüht, diesen Beruf zu ergreifen nachdem sie einmal dem brillanten Auftritt eines prominenten Anwaltes im Gericht zugesehen hatte. Seine bewegende Rede konnte niemanden unberührt lassen. Er trug dazu bei, einen unschuldigen Mann freizusprechen, der rechtswidrig hätte im Gefängnis landen können. Weil sie die Liebe zu den Menschen und den Wunsch, etwas zu deren Leben beizutragen, für die bedeutendsten Werte hielt, traf Rose die Entscheidung, Anwältin zu werden. Nachdem einige Zeit vergangen war, fand sie sich im Strudel des Alltags der Rechtsprechung wieder. Sie lernte vieles, eröffnete dann ihr eigenes Geschäft und wurde zur Chefin einer Anwaltskanzlei. Ihr Arbeitsbereich veränderte sich und nahm eine ganz andere Richtung ein. Als erfolgreiche Managerin wurde sie zu einer der wohlhabendsten Frauen. Sie war jedoch aufgrund der mangelnden Kommunikation mit ihren Klienten nicht glücklich. Ihre derzeitige Position verpflichtete sie dazu, verschiedene Verbindungen zu Geschäftsleuten zu unterhalten, und sie verbrachte ihre ganze Zeit damit, an Meetings und Konferenzen teilzunehmen und Protokolle zu schreiben.

Sie erlangte eine hohe Position in der Gesellschaft, aber sie lebte nicht im Einklang mit ihren Werten. Trotz des Erfolges, den sie bei ihrer Karriere erlangte, war sie schließlich enttäuscht. Wir sollten uns ein System von Werten und Überzeugungen schaffen, damit wir uns im Leben nicht frustriert fühlen.

Wir versuchen, unser Gefühl der Unzufriedenheit zu unterdrücken, indem wir uns Dinge suchen, die uns schnell bessere Gefühle verschaffen. Wir entwickeln die Gewohnheit, stundenlang fernzusehen, wir essen und trinken mit dem Ziel, unsere innere Leere zu füllen, wir kontrollieren alles und geben Befehle an andere Menschen.

Aber es ist etwas ganz anderes, gemäß unserer höchsten Werte zu leben – dann erfahren wir unglaubliche Begeisterung. Dann müssen wir nicht übermäßig viel essen, wir brauchen nicht viel Zeit mit Fernsehen zu verbringen oder mit leeren Gesprächen. Wir brauchen uns nicht zu berauschen, denn unser Leben ist bereits hell und interessant.

Die Menschen setzen sich Ziele, ohne klar verstanden zu haben, was sie wirklich wertschätzen, was ihnen das Wichtigste ist, wofür sie kämpfen wollen, was sie verteidigen wollen, und wenn sie ihre Ziele erst erreicht haben, bleiben sie enttäuscht vom Leben zurück.

Es kann z.B. sein, dass du die Liebe als deinen Wert im Leben betrachtest, aber mit Verwaltungsarbeiten beschäftigt bist, bei denen du keine Gelegenheit hast, Menschen zu helfen und ein Teil ihres Lebens zu sein. Du kannst Karriere machen, aber wenn du deine Werte aufgibst, wirst du leiden müssen.

Wenn du herausfinden willst, was deine Werte sind, tue folgendes:

1. Überlege dir, welche Werte du hast und ordne sie vom bedeutendsten Wert bis zum am wenigsten bedeutenden Wert. Überlege dir, warum diese Werte für dich wichtig sind.

2. Denke über die Werte auf deiner Liste nach, die du verändern solltest, damit du zu dem Menschen werden kannst, der du dir zu sein erträumst. „Welche Werte sollte ich haben, damit ich ein Schicksal haben kann, das ich mir wünsche und das ich auch verdienen würde?"

3. Erstelle dir eine Liste mit den Dingen, die du im Leben vermeiden möchtest. Das kann z.B. Ablehnung, Versagen,

Enttäuschungen, Einsamkeit oder Versagensangst sein. Du kannst deine Werte mit dem Bild von dem Menschen, der du werden möchtest, vergleichen. Dein Wert ist es z.B., im Leben Erfolg zu haben, und was du mit allen Mitteln verhindern möchtest ist zu versagen, damit du nicht abgelehnt oder kritisiert wirst, oder du möchtest die Angst vor dem Versagen vermeiden.

Du kannst dir vorstellen, dass dich das nicht zum Erfolg führen wird, denn dein Gehirn, dein Unterbewusstsein wird dir zum Hindernis werden, weil du Angst vor Ablehnung, Kritik und Versagen hast. Du wirst auf deinem Weg zum Erfolg Kritik und Ablehnung erfahren und Absagen erhalten, wenn du etwas im Leben erreichen möchtest. Deshalb solltest du verstehen, welche der unangenehmen Dinge du ablehnen solltest. Mut sollte zu einem neuen Wert für dich werden.

Du solltest dir gewissenhaft ein System aus Werten und Überzeugungen schaffen, das deinem Idealbild vom „Ich" entspricht.

Du bist nicht dein Körper. Du bist ein Wertesystem, dass sich in deinem Inneren gebildet hat. Was auch immer mit deinem Körper geschieht, hat nichts mit deiner Persönlichkeit zu tun. Eine Frau kann so attraktiv wie ein Model sein, aber unfähig ihre Familie zu retten. Ihre Schönheit kann ihr nicht helfen, ihre Ehe über die Flitterwochen hinweg zu erhalten. Wenn du leer bist und keine inneren Werte, keinen inneren Kern hast, können Männer dich erwählen und dein Körper kann vorübergehend heiraten. Dein schöner Körper sagt nichts über dein wahres Wesen aus. Mit der Zeit werden diesem engstirnigen Mann, der eine Frau mit einer unausgebildeten Persönlichkeit geheiratet hat, die Augen geöffnet, und er wird schnell feststellen, dass es im Körper seiner Frau keine Eigenständigkeit gibt – sie ist leer im Inneren. Mit wem sollt er nun Beziehungen aufbauen? So zerbrechen Beziehungen und es kommt zu Scheidungen.

Dein Körper kann schön oder hässlich sein, dünn oder dick, oder sonst etwas, aber deine Persönlichkeit ist der Inhalt deines Inneren, deine Werte, die Wahrheit, die du in dir geschaffen hast. Ein System aus Wahrheiten und Überzeugungen macht die Persönlichkeit eines Menschen aus. Der Kern deiner Seele besteht aus Werten, Überzeugungen und Wahrheiten.

Was ist eine Überzeugung?

Eine Überzeugung ist das Empfinden von Vertrauen auf was auch immer. Wenn du dich z.B. für einen logisch denkenden Menschen hältst, wäre es genauso als würdest du behaupten: „Ich bin überzeugt, ein Mensch mit einer logischen Denkweise zu sein." Diese Zuversicht ermöglicht es dir, deine inneren Ressourcen zu nutzen, um deine gewünschten Ergebnisse zu erzielen.

Wenn du z.B. glaubst, attraktiv zu sein, sagst du: „Ich bin davon überzeugt, eine schöne Frau zu sein."

Wenn du dich für einen begabten Schriftsteller hältst, entspricht das den Worten: „Ich bin davon überzeugt, wunderbare Bücher zu schreiben, die die Denkweise der Menschen verändern werden."

Dein Glaube und deine Überzeugung werden neue innere Ressourcen in deinen Körper schaffen, die sicherstellen, dass sich deine Überzeugung in diesem Leben verwirklichen kann. Wenn du dir deiner Überzeugungen nicht sicher genug bist, wirst du nicht in der Lage sein, deine inneren Kapazitäten und Ressourcen in vollem Umfang zu nutzen.

Wenn du also bereits glaubst, dass du ein großartiger Schriftsteller bist, werden alle inneren Ressourcen genutzt, um dir zu helfen, das Ergebnis zu erzielen, an das du glaubst, so dass die Welt von deiner erstaunlichen Fähigkeit, Bücher zu schreiben, erfahren wird. Je mehr du an etwas glaubst, desto mehr Ressourcen nutzt du.

Gedanken sind das Baumaterial für den Glauben. Du kannst Millionen von Gedanken haben, aber niemals an sie glauben.

Wenn du z.B. behauptest „Ich bin ein talentierter Schriftsteller", aber gleichzeitig denkst: „Ja, aber es ist nicht wirklich wahr, ich bin nicht wirklich talentiert", dann heißt das, dass du nicht an dieses Talent glaubst. Du musst jede Überzeugung, die du hast, rechtfertigen und beweisen.

Du solltest eine Bestätigung deines Denkens erhalten, um dieses zu einer Realität und zu deiner Überzeugung zu machen. Du hast gewisse Hinweise, die diese Gedanken unterstützen, bekommen – eine gewisse Lebenserfahrung. Was für eine Erfahrung hast du, die deine Gedanken bestätigt? Vielleicht hat dir einer deiner Kameraden einmal gesagt, dass du eine gute Art zu schreiben hast oder du hast festgestellt, dass deine Texte besser sind als die Werke anderer Autoren, die du gelesen hast, oder Redakteure haben deine Romane gelobt. Alles das spielt keine Rolle bis du diese Aussagen zusammengefasst und zu dem Schluss gekommen bist, dass du ein begabter Schriftsteller bist. Nur in diesem Fall wird dein Gedanke zu deiner Überzeugung werden.

Jeder Punkt muss gerechtfertigt werden:

- Was für einen Vorteil hat er?
- Wie kann er mir von Nutzen sein?

Genauso wie die Überzeugung, ein talentierter Schriftsteller zu sein, kannst auch du dir positive Überzeugungen für dein Leben schaffen, ein gutes Umfeld und das richtige Ziel.

Danach solltest du deine Gedanken auf diese Realität fokussieren.

Später wirst du dann beginnen, diese Realität zu erschaffen, im Einklang mit deinen Überzeugungen.

Überzeugungen können positiv oder negativ sein. Jeder von uns muss negative Überzeugungen erkennen, die unser Denken einschränken, und sie so schnell wie möglich loswerden. Zum Beispiel: Ich bin ein Verlierer. Niemand in unserer Familie war jemals reich, also werde ich es auch nicht sein. Die Menschen behandeln mich feindselig. Vertraue niemandem. Das Leben ist schwer. Es ist schwer, sich über die Masse zu erheben. Meine Mitmenschen lieben mich nicht usw.

Allgemeine Überzeugungen gelten als starke Überzeugungen, die alles betreffen, was unser Leben ausmacht: Unsere Persönlichkeit, Menschen, Arbeit, Zeit, Geld und das Leben selbst. Diese Überzeugungen gebrauchen gewöhnlich das Verb „sein": „Das Leben ist...", „Die Menschen sind Vertreter für..." Allgemeine Überzeugungen können unsere Anschauung bestimmen, wie wir das Leben, die Umgebung und Verhaltensmuster verstehen. Wenn du nur eine dieser einschränkenden Überzeugungen veränderst, kannst du dein Leben in nur einem Augenblick verändern! Wenn sie die Wurzeln berühren, werden Überzeugungen mit Sicherheit Befehle an unser Nervensystem senden. Sie haben die Kraft, unsere Fähigkeiten und unser Selbstbewusstsein zu erweitern oder aber die Möglichkeiten, die wir gegenwärtig und in Zukunft haben, zu zerstören.

Wenn du dein Leben unter Kontrolle haben möchtest, musst du deine Überzeugungen und Werte unter bewusster Kontrolle haben.

Jetzt haben wir verstanden, wie Überzeugungen gebildet werden und wie sie verändert werden können. Wir können bewusst unsere Überzeugungen bilden. Wir müssen genügend Bestätigungen finden, um unsere Überzeugungen zu rechtfertigen.

Ein Mensch sollte sich bewusst eine Lebensvision, Werte und Überzeugungen schaffen – die Stufe des aktiven Bewusstseins – lange bevor er 18 Jahre alt ist.

Wenn wir durch Reifeprozesse gehen, müssen wir uns Werte schaffen. Ein Fundament, ein Kern, der uns durch unser ganzes zukünftiges Leben leitet, muss gebildet werden bevor wir 18 Jahre alt sind.

Allerdings können viele Menschen ihren Kern nicht bilden, denn nach einer Phase der Rebellion und Revolte (das Jugendalter), erliegen sie dem Einfluss der Gesellschaft. Ein Kind gehorcht z. B. nicht seiner Mutter, sondern hört stattdessen auf den Rat seiner Freunde. Schließlich beginnt dieser Mensch auf der Ebene der Reflexe und Emotionen zu leben und sich so zu verhalten wie alle anderen. Deshalb wird er nie zu einer Persönlichkeit werden.

Sam wuchs zu einem sozialen und kommunikativen Mann heran. Seine Eltern arbeiteten von morgens bis in die Nacht, um es ihrem Sohn zu ermöglichen, eine renommierte Schule zu besuchen und in einem Zuhause voller Annehmlichkeiten zu leben. Sams Eltern bereiteten ihn auf ein Studium an der Universität vor. Sie waren glücklich darüber, dass das Schicksal ihres Sohnes anders war als ihr eigenes. Sie mussten hart arbeiten, um Geld für eine Wohnung in der Hauptstadt zu verdienen. Sie kamen aus der Provinz und mussten sich sehr anstrengen, um in der Großstadt Fuß zu fassen.

Sie wollten, dass es Sam im Leben besser hat. Er sollte keine Probleme haben, denn seine Eltern hatten sich so anstrengen müssen, um ihm ein möglichst angenehmes Leben zu ermöglichen.

Die Schwierigkeiten traten plötzlich auf. Eines Tages kam Sam im Drogenrausch nach Hause. Als er wieder bei Sinnen war gab er zu, seit über einem Jahr Drogen zu nehmen. Seine Schulfreunde hatten ihm angeboten, es auszuprobieren, und er konnte nicht ablehnen, weil sie seine besten Freunde waren. Seine Eltern waren zu sehr damit beschäftigt, für das finanzielle Wohlergehen zu sorgen und waren nicht darauf bedacht, den inneren Kern ihres Sohnes zu formen.

Sams Leben war im Voraus für ihn geplant worden. Dieser Plan wurde von seinen Eltern gemacht und nicht von ihm. Er sollte an der Universität studieren und später für die Firma seines Vaters arbeiten. Sam hatte noch nicht über den Sinn seines Lebens nachgedacht. Er wusste noch nicht, wer er war. Demzufolge hatte er noch kein System von eindeutigen Werten und Überzeugungen für sein Leben, das ihm als Anker dienen konnte, um nicht vom richtigen Weg abzudriften und sein Lebensziel erreichen zu können. Wenn er seinen Lebensplan selbst festgelegt hätte, wäre er nicht von seiner Bestimmung abgewichen oder hätte Zeit mit Drogen und Freunden verschwendet.

Er hatte sich keinen Sinn gesucht, für den er leben konnte. Vor allem hatte er sich nicht auf seine Werte besonnen. Er hatte keinen inneren „Anker". Deshalb wurde er so leicht von den Drogen gefangen genommen. Das führte dazu, dass er durch sein Tun sein eigenes Leben verschwendete. Er sollte dann seine Drogenabhängigkeit behandeln lassen. Sam wird enorm viel an sich arbeiten müssen, um seinen Willen zu stärken, einen inneren Kern zu bilden und von seiner Drogenabhängigkeit frei und ein voll funktionstüchtiges Mitglied der Gesellschaft zu werden. Er sollte sich seiner Lebensziele bewusst werden und verstehen, wofür er lebt. Es wird eine lange und schwierige Reise werden, mit Hochs und Tiefs. Hoffen wir, dass Sam in der Lage sein wird, die Frage zu beantworten: „Wer bin ich?", sein Lebensziel bestimmen und an sich und seinem Willen arbeiten kann, um von seiner Drogenabhängigkeit frei zu werden. Viel Zeit, Kraft und Energie wird verloren gegangen sein. Er muss sein Leben ganz neu wieder aufbauen.

Hätte sich Sam ein System von Werten und Überzeugungen aufgebaut, so hätte er nicht so leiden müssen.

Ein Mensch sollte sich sein System aus Werten und Überzeugungen aufgebaut haben bevor er 18 Jahre alt ist, um sein Leben selbstständig führen zu können. Ein Mensch mit einem inneren Kern kann nicht von der Gesellschaft beeinflusst werden, niemand kann seine Entscheidungen und sein Handeln beeinflussen.

Du kannst an diesem Beispiel sehen, wie wichtig es ist, einen Kern und die richtigen Werte auf einem festen Fundament aufzubauen, damit kein anderer etwas in deinem Leben beeinflussen kann. Hätte sich Sam einen inneren Anker geschaffen und seine Werte wären gewesen, seine Bestimmung erfüllen oder sein sich gesetztes Ziel zu erreichen, hätte er nicht solche Dummheiten gemacht. Er hätte seine Zeit nicht für alberne Abenteuer verschwendet, die darauf zurückzuführen waren, dass bei seiner Entwicklung gewaltig etwas schiefgelaufen war.

Unsere Werte werden uns zu einem Anhaltspunkt, um unsere Bestimmung zu finden und ans Ziel zu gelangen.

Sie werden zu einem Anker, der uns helfen wird, nicht die Richtung zu verlieren, nachdem wir unser Ziel erreicht und unsere Bestimmung im Leben erfüllt haben.

SCHLUSSFOLGERUNGEN

1. Nun, lieber Leser, du bist nicht dein attraktiver Körper, dein Job oder deine gesellschaftliche Stellung. Du bist ein System von Werten und Überzeugungen, das du dir im Inneren gebildet hast.

2. Deine Werte sind der Anhaltspunkt für deine Suche nach deinem Auftrag und deiner Berufung im Leben.

3. Du kannst dir selbst in deinem Inneren ein korrektes System von Werten bilden, die dafür sorgen, dass du nicht von deinem Ziel abirrst. Sie werden dein Anker sein, der dich auf dem richtigen Kurs hält, wenn du Erfolg hast.

4. Du musst eine Entscheidung treffen und dich bemühen, gemäß deinen Werten zu leben. Dann wirst du auf die Liste der führenden Persönlichkeiten gelangen.

Goldenen Wahrheiten

1. Werte sind die Kraft, die uns vorantreibt.

2. Auf Basis unserer Werte treffen wir Entscheidungen, die uns zu unseren Zielen führen.

3. Der Glaube ist das Gefühl der Zuversicht, um was es auch geht.

4. Wer seine Werte kennt und dementsprechend lebt, wird in der Gesellschaft zu einem Leiter werden.

5. Überzeugungen können sowohl positiv als auch negativ sein. Für jeden ist es wichtig, die negativen Überzeugungen aufzuspüren, die unser Denken belasten und sie so schnell wie möglich loszuwerden.

6. Wenn wir unser Leben kontrollieren wollen, müssen wir unsere Überzeugungen und Werte bewusst unter Kontrolle bringen.

Test zur Selbsteinschätzung

1. Hast du dir eine Liste deiner Werte gemacht?

a) Nein, ich weiß eigentlich gar nicht, was du meinst. (0)

b) Ich habe dieses Kapitel gelesen und dabei festgestellt, dass ich es tun sollte. (1)

c) Ja, ich habe Werte und lebe dementsprechend. (2)

2. Hast du Überzeugungen?

a) Dafür habe ich keine Zeit. (0)

b) Ich arbeite jetzt daran. (1)

c) Ja, ich habe ein System von Werten und Überzeugungen. (2)

3. Hast du deine negativen und einschränkenden Überzeugungen herausgefunden?

a) Nein, ich habe zum ersten Mal davon gehört. (0)

b) Ich habe verstanden, wie wichtig das ist, aber ich habe sie noch nicht herausgefunden. (1)

c) Ja, ich habe die Überzeugungen herausgefunden, die mich einschränken, und sie geändert. (2)

4. Arbeitest du daran, einen inneren Kern in dir zu bilden?

a) Nein, das tue ich nicht. (0)

b) Ja, das tue ich, aber nicht regelmäßig. (1)

c) Ich habe mir einen inneren Kern gebildet und arbeite weiterhin an meinem Charakter. (2)

5. Arbeitest du daran, Werte und Überzeugungen zu entwickeln?

a) Nein, das tue ich nicht. (0)

b) Ja, manchmal tue ich das. (1)

c) Ja, ich glaube, dass jeder seine Persönlichkeit entwickeln sollte. (2)

TESTERGEBNISSE

0 – 4 Punkte – Es tut uns leid, aber du hast dir kein System aus Werten und Überzeugungen geschaffen. Um die Frage „Wer bin ich?" beantworten zu können ist es extrem wichtig, seine Werte zu bestimmen. Dann werden deine Werte zum Anhaltspunkt werden, um den Auftrag für dein Leben zu bestimmen.

5 – 9 Punkte – Du hast verstanden, wie wichtig es ist, im Leben Werte und Überzeugungen zu haben. Sie sind auch wichtig, um die Fragen „Wer bin ich?", oder „Wohin gehe ich?" zu beantworten. Du hast keine klare Antwort auf diese Fragen. Nimm dir etwas Zeit für dich selbst und bestimme deine Werte, dann wird es dir auch leichter fallen, deine Ziele zu bestimmen.

9 – 12 Punkte – Wir freuen uns für dich! Du hast dir in deinem Inneren einen Kern gebildet, und du hast ein starkes System von Werten und Überzeugungen.

Praktische Aufgaben

1. Finde heraus, was du zur Zeit für Werte hast und ordne sie gemäß ihrer Bedeutung.

2. Prüfe für dich selbst, warum diese Werte für dich wichtig sind. Denke darüber nach, welche Werte auf deiner Liste geändert werden könnten, damit du zu dem wirst, was du werden möchtest. „Was sollte ich für Werte haben, damit mein Schicksal so aussieht, wie ich es möchte und verdiene?"

3. Erstelle eine Liste mit Dingen, die du im Leben vermeiden möchtest. Das könnten Verleugnung, Ablehnung, Enttäuschung, Einsamkeit, Verlustangst oder Versagensangst sein.

Teil 2

Hallo,

ich bin dein lang gehegter Traum, und das ist meine Geschichte…

Ich wurde mit dir geboren, und ich lebe seitdem in deinem Herzen.

In deiner Kindheit waren wir eins.

Wir dachten beide, dass nichts in diesem Leben unmöglich ist.

Ich ermutigte dich so gut ich konnte, wenn es dir schlecht ging. Wenn die Dinge wirklich hart waren, gab ich dir Hoffnung, Kraft weiterzumachen und den Sinn des Lebens.

Aber die Jahre gingen vorüber. Je älter dein Herz wurde, desto weniger Raum war für mich darin.

Eltern, Lehrer und Freunde – niemand glaubte an mich und sie sagten zu dir: „Solche Dinge passieren nie", „komme auf den Boden zurück", „du solltest so leben wie alle anderen."

Allmählich wurden ihre Gedanken zu deinen Gedanken.

Du kannst viele Gründe finden, mich nicht zu bemerken: „Ich bin müde. „deine Zeit wird bald kommen", oder im Gegenteil „Ich muss viel arbeiten", „Ich bin nicht dazu in der Lage."

Manchmal denkst du jedoch an mich. In solchen Momenten hast du das Gefühl, dein Herz zieht sich vor Schmerz zusammen.

Aber du schiebst diese Gedanken an mich weg. Ich verstehe, das macht dir das Leben leichter… leben ohne an den Traum zu denken, der nie wahr geworden ist.

Vielleicht betrachtest du es als meine letzte Botschaft an dich.

Denn ich glaube noch immer, dass wir es schaffen können und alles gut werden wird.

Wirst du für mich kämpfen?

In Liebe und Glauben an dich,

dein TRAUM

Lieber Leser! Im ersten Teil unseres Buches haben wir wesentliche Fragen beantwortet, wie „Wer bin ich? Was kann ich tun? Warum bin ich hier? Was mache ich hier? Wohin gehe ich?"

Im zweiten Teil dieses Buches werden wir die Antworten auf die Fragen finden: Wie findet man zu sich selbst? Konkrete Schritte vom Traum bis zu dessen Verwirklichung. Wie man von A bis Z gelangt. Praktische Schritte, um deine Vision umzusetzen.

Ich kann dir versichern, dass sich deine Lebensqualität drastisch verbessern wird, wenn du alle Fragen beantwortet und alle praktischen Aufgaben im zweiten Teil dieses Buches durchgeführt hast. Das ist etwas, das niemals an einer Schule oder Universität gelehrt wird. Trainingsseminare zu diesen Themen kosten tausende von Dollar. Aber jetzt hast du die Chance, alles das fast umsonst zu bekommen. Das Wichtigste ist, dass du den Wunsch hast, dein Leben zu ändern, um den verrücktesten Traum, den du jemals hattest, zum Leben zu erwecken.

Lasst uns also beginnen.

1. Nimm dir einen Stift und einen Notizblock und beantworte diese Fragen ehrlich. Frage deine Freunde und die Leute um Hilfe, die sich für dich interessieren.

2. Denke gründlich nach bevor du antwortest. Sei dir sicher, dass die Antwort das wiederspiegelt, was deine Seele fühlt.
Beantworte nicht alle Fragen sofort, denke über sie nach, gib eine wohlbegründete Antwort auf eine Frage und dann gehe über zur nächsten. Versuche zu einer Schlussfolgerung zu kommen, bevor du über eine neue Frage nachdenkst.

3. Versuche herauszufinden, wo sich deine Berufung, dein Potenzial und deine Gabe am offensichtlichsten und deutlichsten zeigen. Es gibt vielleicht mehrere Möglichkeiten. Um nicht durcheinander zu kommen wäre es hilfreich, die

Fragen in Form einer Tabelle zu beantworten. Wenn du also gern liest, stelle mit Hilfe einer 10-Punkte-Tabelle genau dar, wie wichtig es dir ist.

Wenn du alleine in einem Raum eingeschlossen wärst, was würdest du tun – malen, lesen oder studieren? Du musst also jeder Aktivität einen Punkt geben, wie wichtig sie dir ist. Du würdest z.B. am liebsten lesen (6 Punkte) und studieren (8 Punkte). Dann wirst du besser verstehen, was spannender für dich ist.

Leg alles beiseite, was dich stören oder ablenken kann und konzentriere dich darauf, diese Fragen entsprechend deiner wirklichen Wünsche zu beantworten.

Glaube mir, jetzt bist du mit dem Wichtigsten im Leben beschäftigt – du bestimmst den Sinn und den Auftrag deines Lebens!

Kapitel 7
Wie man seine Berufung findet

WIE MAN SEINE BERUFUNG FINDET

1. Die Berufung liegt in unseren natürlichen Wünschen.

Berufung ist das, wonach wir streben, sie besteht aus den Dingen, die für uns anziehend sind. Was tust du von Natur aus gern?

„Berufung bedeutet, sich am richtigen Platz zu fühlen."

Anna Duvarova, Schriftstellerin

Was ist dein Verlangen? Was fasziniert dich? Was zieht dich an? Was tust du gern?

Beantworte die folgenden Fragen: Was will ich am meisten? Wonach strebt mein innerer Mensch, meine Seele? Was zieht mich an? Was zieht mich seit meiner Kindheit an? Was mache ich gern in meiner Freizeit? Was ist mein Hobby?

Einige Frauen bringen gern Dinge in Ordnung und achten auf sich. Andere dagegen tun das nicht gern, sie verkaufen und bewerben Produkte, weil sie gern mit Zahlen arbeiten. In diesem Fall könnte ihre Berufung die einer Managerin oder Buchhalterin sein. Auch könnten sie ihren eigenen Schönheitssalon führen, ein Produkt für Schönheit und Gesundheit erfinden, so wie es Mary Kay getan hat, die die Gründerin der gleichnamigen Kosmetikfirma wurde.

Stellst du gern Fragen? Journalisten und Anwälte stellen gewöhnlich gern Fragen. Vielleicht löst du gern die Probleme der Menschen. Das ist eine Eigenschaft, die Pastoren brauchen. Vielleicht hast du ein Talent für öffentliches Reden. Dann kannst du Trainer werden, Coach oder Politiker. Jemand, der gern malt, kann ein zweiter Salvador Dali werden. Jemand, der gern Klavier spielt, kann ein weiterer Sebastian Bach werden. Jemand, der nicht gern viel redet, könnte Schriftsteller werden. Jemand der gern in Mechanismen oder kleine Details eintaucht kann Ingenieur oder Erfinder werden.

Wenn du verschiedene Talente hast, fange an, eines davon zu entwickeln, dann versuche ein weiteres zu entwickeln.

> *„Alle Menschen, ohne Ausnahme, sind talentiert. Talente sind unterschiedlich und müssen entfaltet werden. Manche hatten das Glück, sich in einem Beruf zu finden, andere nicht."*
>
> *Marija Jurjewna Scharapowa*, russische Tennisspielerin. Wikipedia

Lasst uns eine andere Erfolgsgeschichte betrachten, die diese Aussagen bestätigt.

„Tennis ist etwas, das sie verrückt macht. Vergiss alles, das nicht zum Bereich Tennis gehört, wie für Zeitschriften zu posieren oder sonst etwas. Ja, das macht sie auch, aber ich kann dir versichern, im Vergleich zum Tennis macht sie sich nicht viel aus diesen Dingen. Was sie auf dem Tennisplatz tun kann, geht ihr über alles! Schau sie dir noch einmal genau an, wenn sie trainiert. Sie steht niemals in der Mitte des Platzes und verbringt nie zu viel Zeit mit Übungen. Nein, sie geht auf den Platz und sagt: „Nun, lasst uns beginnen, verdammt noch mal!" Sie ist eine wahre Kämpferin und jeder in der Akademie, der beim Kampftraining mit ihr zu tun hat, verwandelt sich sehr schnell in ein Meerschweinchen", sagt Nick Bollettieri, der Coach von Maria Sharapova.

Maria stürmte die Top 20-Liste der Tennisspieler 2004. Zunächst gewann Maria das Turnier in Birmingham in Einzel und Doppel, und drei Wochen später machte sie ihren Traum wahr. Am 3. Juli 2004 gewann Maria den Wimbledon-Turnier und hatte dabei selbstbewusst, schön und wagemutig die Amerikanerin Serena Williams im abschließenden Einzel der

Frauen geschlagen. Denke einmal darüber nach – davor war Serena doppelte Gewinnerin dieses Turnieres gewesen!

Also wurde Maria, die vorher nur eine vielversprechende und talentierte Spielerin gewesen war, zum neuen funkelnden Star in der Tenniswelt.

Am 4. April 2005 wurde Maria zum ersten Mal die Führerin des WTA Titelrennens und am 11. April, eine Woche bevor sie 18 wurde, wurde sie zur zweitbesten Tennisspielerin der Welt! Bei der jährlichen ATP und WTA Preisverleihungs-Zeremonie, die in Miami stattfand, bekam Maria Sharapova den ersten Preis in drei Kategorien: „Die beste Tennisspielerin 2004 beim WTA-Turnier, „The Most Advancing Player" (die aufsteigendste Spielerin) und „The People's Choice Award". Die Zeitschrift Forbes nahm Maria in die Liste der „Top 100 Most Influential Celebrities" (die 100 einflussreichsten Berühmtheiten) auf, und sie war die einzige Russin auf dieser Liste. In Los Angeles gewann Maria den renommierten US-Preis, ESPY Awards 2004. Sie wurde von ESPN als beste Tennisspielerin des Jahres anerkannt.

Marias größte Vorteile sind ihre Willensstärke, ihre geistige Stabilität und ihr Kampfgeist.

Sie ist eine schöne Blondine mit langen Beinen, die jeden mit ihrem natürlichen Talent beeindruckt. Sie verkörpert die Einheit von innerer Stärke und Schönheit.

Sie wurde am 19. April 1987 in Nyagan, einer kleinen Stadt in Sibirien geboren. 1989 zog ihre Familie nach Sochi, eine Stadt an der Schwarzmeerküste. Als sie vier Jahre alt war veränderte ein zufälliges Ereignis ihr Leben. Ein Freund der Familie gab ihr einen Tennisschläger seines Sohnes. Dieses Geschenk entfachte die Leidenschaft für Tennis in Maria. Sie begann zu spielen und konnte nicht damit aufhören. Maria bat ihre Eltern, sie zu einer

Tennisschule zu schicken, denn sie konnte an nichts anderes mehr als an Tennis denken.

An diesem Beispiel können wir die Leidenschaft sehen, die sie für Tennis entwickelte. Als Kind fand Maria ihre natürliche Gabe, verstand die Berufung für ihr Leben und ging selbstbewusst auf ihr Ziel zu. Sie fand Anerkennung auf der ganzen Welt und in ihrem eigenen Land. Ihr natürliches Talent und das Wissen um ihre Berufung machten sie bekannt und berühmt.

1993 entdeckte die berühmte Tennisspielerin Martina Navratilova Marias Talent und bot ihrem Vater an, das Mädchen bei der Tennis Akademie in Florida zu trainieren.

Als Maria erst sieben Jahre alt war, zogen sie und ihr Vater in die Vereinigten Staaten, um in die Tennisakademie von Nick Bollettieri einzutreten.

Die IMG Sportakademie erklärte sich bereit, Maria zu sponsern und ermöglichte ihr ein Stipendium von 35.000 $ im Jahr, was sie für das Training an der Akademie brauchte. Ihre Errungenschaften sprechen heute für sich.

Heute ist sie die Gewinnerin von 28 Single Turnieren, inklusive vier Grand Slam Turnieren und drei WTA Doppel-Turnieren, ebenso wie die finale Meisterschaft 2004. Die beste Spielerin der Welt gemäß der WTA Turnier-Rangliste (insgesamt war sie 21 Wochen lang auf Platz 1 bei vier Malen): das erste Mal mit 18, vom 22. August bis zum 12. September 2005, und vom 11. Juni 2012 bis zum 9. Juli 2012.

Maria Sharapova war zwischen 2005 und 2008 die am meisten gesuchte Sportlerin in der Yahoo-Suchmaschine.

Im Juli 2008 und 2010 wurde sie aufgrund ihres Erfolges sowohl auf dem Tennisfeld als auch außerhalb dessen als die hochbezahlteste Sportlerin der Welt anerkannt, mit einem

Jahreseinkommen von 26 Millionen $. Seit Februar 2007 ist sie eine Sonderbotschafterin.

Aufgrund ihrer natürlichen Schönheit, ihrem Enthusiasmus, ihrer Leidenschaft und ihrer extrem lauten Schreie wenn sie den Ball schlägt, wurde sie die „Sibirische Sirene" oder „Die Königin der Schreie" genannt.

Maria entdeckte ihre Gabe schon früh. Sie fand ihre Berufung und verstand ihre Bestimmung. Ihre Leidenschaft für Tennis half ihr dabei. Das führte dazu, dass es ihr gelang, ihre Ziele zu erreichen. Sie hat sich selbst voll und ganz verwirklicht, nicht nur als Sportlerin, sondern auch als Model. Ihre einzigartige Persönlichkeit wurde entdeckt, und heute ist sie für viele Menschen inspirierend.

2. Was würdest du sehr gern tun, auch wenn du nicht dafür bezahlt würdest?

„Wenn du etwas ohne Bezahlung nicht gern tust, warum glaubst du, solltest du diese Beschäftigung gern tun, wenn du dafür bezahlt würdest? Es spielt keine Rolle ob ich reich oder arm bin, ich bin glücklich, weil ich an dem was ich tue Freude habe. Das ist der wirkliche Wohlstand."

Hier liegt deine Identität. Wer bist du?

Was würdest du gern mit Freude und Vergnügen tun? Die Antwort auf diese Frage ist deine Berufung. Es ist das, was du tun solltest. Was würdest du weiterhin tun, auch wenn du nicht dafür bezahlt würdest? Bücher schreiben, die Schönheitsindustrie führen, Waren verkaufen, Firmen gründen?

3. Worin bist du gut?

Mache dir eine Liste der Dinge, die du gut kannst.

Dort solltest du nach deiner Bestimmung suchen, deiner Gabe.

Du könntest z. B. gut sein in:

- Kochen
- Ordnung schaffen
- Merken, wenn etwas falsch läuft
- Dich unterhalten
- Freunde finden
- Originell sein
- Lesen
- usw.

„Lasst einen jeden das tun, was er am besten versteht."

Marcus Tullius Cicero war ein römischer Politiker, Anwalt, Schriftsteller und Philosoph, der berühmteste Redner Roms und Konsul im Jahr 63 v. Chr. Cicero war einer der vielseitigsten Köpfe der römischen Antike. Wikipedia,

Der eine kann gut schreiben, der andere gut kritisieren. Wieder ein anderer kann gut Ordnung schaffen oder gut kochen. Ein anderer kann gut Beziehungen zu anderen Menschen aufbauen, ein anderer liest gern, näht gern. Hier liegt deine Berufung verborgen.

4. Was gibt dir die größte Befriedigung?

Wenn du mit dieser speziellen Tätigkeit beschäftigt bist, dann

- fühlst du dich gut
- bist glücklich
- empfindest Freude.

Wenn einem Menschen das, was er tut, keine Befriedigung gibt und keine Freude macht, ist sein Leben farblos. Es führt zu

Depressionen und mentalen Störungen. Der Mensch fühlt sich als winziges Element in einem riesigen System. Er sieht keinen Sinn in seinem Leben, findet keine Befriedigung. Wenn er weiterhin so lebt, kann er sich irgendwann als Patient in einer Psychiatrie wiederfinden.

> *„Seine Berufung zu finden ist bereits ein Stück Glück."*
>
> G. Avsharian

5. Was bemerken die Menschen an dir?

Wofür machen dir Menschen oft Komplimente und wofür loben sie dich?

Was ist Menschen in deiner Kindheit an dir aufgefallen, wofür wurdest du gelobt? Jetzt als Erwachsene werden wir als Rivalen und Konkurrenten gesehen, und wir bekommen mehr Kritik als Lob. Versuche nachzudenken und dich daran zu erinnern, was Menschen damals an dir bemerkten. Dort könnte deine Berufung, deine Identität und dein Schicksal liegen.

> *„Jeder hat seine eigene spezielle Berufung. Niemand ist ersetzbar, und sein Leben ist einzigartig. Deshalb ist die Aufgabe eines jeden Menschen so einzigartig wie seine Fähigkeit, diese Aufgabe auszuführen."*
>
> *Viktor Frankl* war ein österreichischer Neurologe und Psychiater. Er begründete die Logotherapie und Existenzanalyse. Wikipedia

6. Welche Eigenschaften mögen die Menschen am meisten an dir?

Was ist es, weshalb Menschen Kontakt zu dir suchen?

Denke an deine Kollegen, Freunde, Nachbarn und Verwandten:

- Wofür lieben sie dich?
- Was mögen sie nicht an dir?
- Was mochten sie in deiner Kindheit an dir?
- Worum beneiden sie dich?

Aufgrund welcher Eigenschaften mögen uns die meisten Menschen nicht oder beneiden uns?

> *„Neid greift die höchsten Tugenden an und verschont nur den Durchschnitt."* Gaston De Levis, war ein französischer Offizier, der während des Franzosen- und Indianerkrieges in der französischen Armee diente, die Neufrankreich gegen britische Streitkräfte verteidigen sollte. Wikipedia

7. Was unterscheidet dich von anderen?

- Was macht dich besonders und unterscheidet dich von anderen?
- Wofür wurdest du kritisiert oder gehänselt?

In den Dingen, in denen du besonders bist und dich von anderen unterscheidest, liegt deine Einzigartigkeit.

Finde etwas, das dich von anderen unterscheidet. Das wird zu deinem Vorteil werden, deiner wichtigsten Waffe.

„Alle bedeutenden Menschen haben etwas gemeinsam. Sie haben sich von der farblosen Masse abgehoben. Um sich wirklich abzuheben, müssen wir einfach das tun, was wir lieben und am besten können. Letztendlich unterscheidet uns die Liebe zu unserer Berufung von anderen."

8. Was kannst du ohne Vorbereitung tun?

Was geht natürlich aus dir hervor (nicht etwas Negatives, sondern etwas Kreatives)?

Du kannst dies folgendermaßen tun:

- Unabsichtlich
- Ohne Vorbereitung
- Ohne Motivation
- Wenn du in Eile bist

Was kannst du ohne Vorbereitung, so eben auf die Schnelle, tun? Nachdenken, kommunizieren, analysieren, schweigen, lächeln. Was tust du ganz natürlich? Lächeln, singen, schreiben oder improvisieren. Andere müssen sich dazu zwingen, aber du tust es ganz natürlich. Was kannst du auf ganz natürliche Weise gut, ohne Vorbereitung, ohne Training?

„Nur Wissenschaftler und auch die Griechen sind es gewohnt,

ohne Vorbereitung über ein vorgegebenes Thema zu sprechen."

Cicero

9. Was kannst du tun, ohne auf die Zeit zu achten?

Es gibt ein paar Dinge, in die wir voll eintauchen und denen wir uns ganz hingeben können.

Wir können uns damit beschäftigen ohne zu merken, wie die Zeit vergeht.

„Die Menschen sollten ihre Arbeit so tun als wenn sie von

nirgendwoher Hilfe bekommen können." D. Halifax

Es gibt Dinge, die wir tun, ohne dass unsere Seele dabei ist. Es gibt auch Dinge, in die wir mit dem Kopf, dem Herzen und der

Seele eintauchen und dabei die Zeit vergessen. Was kannst du tun, ohne auf die Zeit zu achten, ohne auf die Uhr zu schauen?

Lasst uns an Thomas Edison, Steve Jobs und Madonna denken: Sie sind bereit, ihre Arbeit zu tun und vergessen dabei die Zeit, vergessen alles um sich herum.

10. Womit kannst du alleine sein?

Wenn du für drei Tage oder eine Woche in einem Raum eingeschlossen wärest, den du nicht verlassen könntest, was würdest du mitnehmen wollen? Womit würdest du gern allein bleiben?

- Fernseher
- Internet
- Bücher
- Freunde

11. Womit würdest du gern allein bleiben und es genießen?

Womit würdest du bevorzugt alleine bleiben wollen?

....

„Der Pfad zur Wahrheit ist in der Isolation zu suchen und nicht in der Menge." Irina Sevostyanova, Designerin

....

„Die Einsamkeit ist ein natürlicher Zufluchtsort aller Gedanken: Er inspiriert alle Dichter, er schafft Schauspieler und inspiriert Genies." Jean Batiste Henri Lacordaire war französischer Dominikaner, Prediger und Theologe. Wikipedia

....

„Du brauchst dein Zimmer nicht zu verlassen …
bleib einfach an deinem Tisch sitzen und horche.
Du brauchst nicht einmal zu horchen, warte einfach.
Du brauchst nicht einmal zu warten, werde einfach still –
und die Welt wird sich offenbaren, um demaskiert zu werden;
sie hat gar keine andere Wahl.
Sie wird sich in Ekstase vor deinen Füßen wälzen."

Franz Kafka

12. Was liest du gern, was hörst du dir an, worüber sprichst du gern?

Es gibt Themen, über die du vielleicht gern liest, denen zu zuhörst und vor allem über die du gern redest. Manche Menschen reden gern über:

- Wetter
- Wohltätigkeit
- Kinder
- Strategien
- Bücher
- etc.

Alle diese Themen könnten für dich wie zu einer Aufforderung werden.

Was tust du gern – lesen oder zuhören? Worüber sprichst du gern: Wetter, Erlösung, Kinder oder Strategien?

> *„Die wahre Berufung eines jeden Menschen besteht in nur einer Sache – den Weg zu sich selbst zu finden, seine eigene Bestimmung und nicht seine Lieblingsbestimmung zu finden, und damit mit seiner ganzen Seele, voll und entschlossen, zu leben."*
> *Hermann Hesse, deutschsprachiger Schriftsteller*

Oft denken wir nicht über diese Dinge nach. Was magst du gern, worauf bist du begierig? Denke darüber nach. Es gibt einige Themen, über die du gern sprichst und denen du gern zuhörst und von denen du anderen gern erzählst.

13. Worüber denkst du am meisten nach?

> *„Was für eine großartige Berufung es doch ist, den Weg für die verborgenen Wahrheiten und neuen mutigen Ideen zu ebnen."*
> *Henrik Ibsen, war ein norwegischer Dramatiker und Lyriker. Wikipedia*

14. Womit könntest du dich so sehr beschäftigen, dass du vergisst zu essen?

Was kann dich so sehr mitreißen, dass du nicht mehr weißt, ob du schon zu Abend gegessen hast oder nicht?

> *„Die Berufung eines Menschen kann nur anhand des Opfers, dass ein Wissenschaftler oder Künstler für seinen Frieden und sein Wohlergehen auf sich nimmt, bewiesen und anerkannt werden." Leo Tolstoy, Schriftsteller*

Was kann dich so sehr mitreißen, dass du das Abendessen, Frühstück und das Essen überhaupt total vergessen könntest? Und vielleicht sogar den Schlaf?

15. Wer inspiriert dich?

- Erstelle dir eine Liste der Menschen, die dich inspirieren.
- Kategorien von Menschen, die dich inspirieren und die du nachahmen möchtest.

Wer inspiriert dich? Wir möchten sein wie sie, so erfolgreich wie sie.

„Um ein Genie zu werden muss man von genialen Lehrern lernen." Asem Rakhimbaeva

„Die unmittelbare Kommunikation mit deinem Lehrer ist die beste Lehrmethode." Evgeniy Hankin

Was für Menschen bewunderst du? Gibt es Menschen, die dich inspirieren, Menschen, die du gern nachahmen möchtest, und Menschen, deren Erfolg dich dazu motiviert, auch so erfolgreich wie sie sein zu wollen?

16. Wo treffen Liebe und Hass bei dir aufeinander?

Wo treffen deine Leidenschaft und dein Ärger aufeinander? Das, was du sehr liebst oder auch sehr hasst kann deine Berufung sein.

So kann z. B. das Thema Familie ambivalente Gefühle in dir hervorrufen. Dieses Thema macht dich betroffen; es lässt dich nicht gleichgültig. Andererseits löst dieses Thema Schmerz und Gefühle in dir aus, die mit deiner Scheidung zusammenhängen, weil du nicht auf das Familienleben vorbereitet warst. Nimm das in Angriff. Dieses Thema kann deine Berufung sein. Du hast das Thema Familie gründlich studiert und hast verstanden, dass du für ein erfolgreiches Familienleben nicht genügend Vorbereitung und Wissen hattest. Dir sind all deine Fehler und Unzulänglichkeiten bewusst geworden, und du hast einige Schlüsse daraus gezogen. Du möchtest dein erworbenes Wissen und deine Erfahrung nutzen, um denen zu helfen, die kurz vor der Eheschließung stehen. Das ist der Bereich, wo dein Schmerz und deine Liebe aufeinander treffen.

„Ich bin stolz darauf, einer Beschäftigung nachgegangen zu sein, die Freude bringt, Schönheit schafft und unser Gewissen weckt, Mitgefühl bewirkt und, was vielleicht das Wichtigste ist, Millionen von Menschen eine Auszeit von der brutalen Welt verschafft."

Audrey Hepburn, eigentlich Audrey Kathleen Hepburn-Ruston war eine Schauspielerin britisch-niederländischer Herkunft. Sie zählte in den 1950er und 1960er Jahren zu den führenden weiblichen Stars. Wikipedia

Du denkst z.B. „Ich liebe mein Land, wenn ich aber andererseits sehe, was hier so alles geschieht, dann erschreckt mich das."

So könntest du in anderen Ländern etwas über Staatsverwaltung lernen, um in diesen Bereich deines Landes etwas Positives einzubringen. Du stehst allem, was die staatliche Verwaltung deines Landes betrifft, nicht gleichgültig gegenüber. Du bist bereit zu lernen, in der Wirtschaft und den öffentlichen Einrichtungen deines Landes etwas zu verändern, deine Zeit, Energie, deine Mühen und all deine intellektuellen und emotionalen Ressourcen einzusetzen.

„Die höchste Berufung eines Menschen ist nicht nur, die Welt zu erklären, sondern sie auch zu verändern und sie besser zu machen."

Ivan Vladimirovich Michurin, war ein russischer Botaniker und Pflanzenzüchter. Sein offizielles botanisches Autorenkürzel lautet „Miciurin". *Wikipedia*

17. Suche nach Büchern, Literatur und Informationen über die Fähigkeiten und Gaben, die in dir liegen

Je mehr wir wissen, je gründlicher wir unser Fach verstehen, desto leichter können wir es umsetzen.

18. Suche dir das richtige Umfeld, die Menschen, die dir helfen, deine Mission auszuführen und deine Gabe zu verwirklichen

Es ist bekannt, dass das Umfeld 50 % unseres Erfolges bestimmt. Wenn du Journalist werden willst, dann musst du mit Journalisten und Profis dieses Bereiches kommunizieren. Wenn du ein hervorragender Verkaufsmanager werden möchtest, musst du ein entsprechendes Umfeld finden und außerdem an Verkaufstrainings teilnehmen. Wenn du Politiker werden willst, finde Zugang zum politischen Umfeld. Es wird dich überraschen, wie viele Menschen Politiker geworden sind ohne dazu berufen zu sein. Sie haben es nur geschafft, weil jemand sie gefördert hat. Sie waren zur rechten Zeit am rechten Ort. Du musst den Bereich deiner Gabe bestimmen und in das entsprechende Umfeld gelangen.

Kapitel 8

Die Prinzipien, um Träume zu erfüllen.

Wie man von A nach Z gelangt.

Die Prinzipien, um Träume zu erfüllen. Wie man von A nach Z gelangt.

„So viele unserer Träume scheinen zunächst unmöglich, dann scheinen sie unwahrscheinlich, und dann, wenn wir den Willen aufbringen, werden sie bald unausweichlich."

Christopher Reeve, war ein US-amerikanischer Schauspieler, Regisseur und Autor. Er wurde bekannt durch die Darstellung des Comichelden Superman in vier Filmen zwischen 1978 und 1987. Wikipedia

„Wer seine Träume nicht verwirklicht, der lebt ein melancholisches Leben." Rita Emmett, Autor

Breitgefächerte Rechtfertigungen oder das bedeutendste Hindernis auf dem Weg, um einen Traum zu verwirklichen. Sehr oft träumen wir nur, weil wir nicht wissen, wie wir vom Traum bis zu dessen Erfüllung gelangen.

Es gibt zwei Gründe, die Menschen nennen, um sich zu rechtfertigen:

1. Ich weiß nicht wie. Es ist eine Frage des Prozesses, du verstehst den Prozess nicht, wie sich ein Traum erfüllen kann.

2. Ich habe keine Möglichkeiten wie z.B. Geld und Ressourcen.

Beide Punkte sind wichtig, um deine Ziele zu erreichen.

„Ein Mensch hat immer alles, um in der Lage zu sein, seinen Traum zu erfüllen." Paulo Coelho

Und jetzt das Unglaublichste!!!

Wir haben Antworten und praktischen Rat vorbereitet, um dir zu helfen, mit den Hindernissen auf dem Weg zur Erfüllung deines Traumes fertigzuwerden.

1. Setze dich hin und mache dir eine vollständige Analyse.

Was bedeutet:

- Zur Ruhe zu kommen;
- Nicht zu hetzen.

Wenn Menschen eine Idee haben, sind sie gewöhnlich eifrig bemüht, sofort zu handeln und in den Prozess einzutauchen, ohne sich aber ein System zu schaffen, wie sie vorgehen wollen, ohne sich Wissen zum Thema anzueignen und ohne alles zu analysieren und einzuschätzen, was vor ihnen liegt. Deshalb erzielen sie ihre geplanten Ergebnisse nicht und verlieren den Mut.

Innehalten, sich hinsetzen und sich Zeit nehmen, um zu reflektieren, das ist das Wichtigste, damit ein Mensch sein Ziel erreichen kann.

Sich hinzusetzen bedeutet, zur Ruhe zu kommen, ohne Eile und Hektik, innezuhalten und zu reflektieren, alle Pros und Contras zu analysieren, alle möglichen Verdienste und Fehler aufzuzählen.

2. Die Ausgaben berechnen

Diese Aussage bedeutet:

- Analysiere den Bereich, an dem du interessiert bist, ausführlich.
- Lerne und finde so viele Informationen wie möglich zur Thematik, lies so viel darüber wie du kannst.

Du solltest eine Recherche durchführen. Um den Bereich oder das Gebiet zu studieren, das dich interessiert, erforsche diese Thematik in jeder Hinsicht. Suche nach Informationen in Quellen aller Art.

3. Die Auswahl der Information
- Etwas, das du insbesondere benötigst.
- Etwas, das du bevorzugst.

Wenn du genügend Information zu deiner Thematik gefunden hast, wirst du in der Lage sein, deinen Traum zu erfüllen. Analyse ist dabei das Wichtigste.

Du bist z.B. ganz begierig auf das Nähen. Du hast recherchiert, was der Markt zu bieten hat und bist zu dem Schluss gekommen, dass es besser ist, Winterkleidung zu nähen oder vielleicht auch Damenunterwäsche. Wonach besteht Nachfrage auf dem Markt? Du solltest dir detaillierte Informationen beschaffen, um feststellen zu können, welche Art Produkte benötigt werden.

4. Du solltest dir ein System aufbauen.

„Ein Ziel ohne Plan ist nur ein Wunsch."

Antoine de Saint-Exupéry.

- Ein System sollte realisierbar sein. Es sollte dazu führen, dass sich dein Traum entwickeln und lebendig werden kann.
- Der ganze Prozess muss in Phasen eingeteilt werden.

Beispiel:

Die Phasen der Herstellung von Kleidung:

1. Analyse der Trends auf dem Markt
2. Auswahl der Farbpalette

3. Auswahl von Stoffen und Zubehör

4. Entwurf von Skizzen

5. Erarbeitung eines Mustermodells

6. Ausarbeitung eines Ausschneidemodells

7. Nähen eines Mustermodells

8. Erstellung von Grundmustern

9. Nähen des ersten Bündels der Ware

10. Ausarbeitung von technischen Dokumenten

Du solltest ein System oder eine Struktur schaffen, um deinen Traum verwirklichen zu können. Das können Muster oder Stoffmuster für einen Schneider sein. Dann solltest du die Reihenfolge der Phasen festlegen: Ein Kleidungsstück entwerfen, Grundmuster entwerfen, den Stoff zuschneiden, ihn an die Bekleidungsfabrik weiterleiten, dort einen technischen Prozess einleiten, und Stoffe, Gerät, Personal und den geeigneten Markt finden.

5. Schaffe eine Struktur

Schreibe alle Details deines Arbeitsprozesses von A bis Z auf.

- Arbeite die Details aus.

- Jede Phase sollte Antworten und Lösungen enthalten.

Beispiel: Pfannkuchen backen

Plan:

1. Zutaten und Produkte

2. Eine Bratpfanne

3. Küchenutensilien

4. Ein Koch

5. Alles aufeinander abstimmen

Der Ablauf beginnt, wenn man zu Kochen anfängt. Jeder Punkt sollte genau und präzise aufgeschrieben werden, damit dieser Plan Struktur erhält. Gewürze sind dafür z.B. nicht geeignet. Wir brauchen Mehl, Backpulver, Zucker, Milch, Eier und Butter, um Pfannkuchen zu backen.

Alles sollte von A bis Z aufgeschrieben werden und aufeinander abgestimmt werden.

Beispiel: Eröffnung eines Netzwerkes von Fitness-Studios

1. Entwickle eine Idee.
2. Führe eine Recherche durch: Wie viele Trainer brauchst du, was für eine Ausrüstung benötigst du, und welche Sportprogramme willst du deinen Besuchern anbieten?
3. Stelle ein Team auf.
4. Suche nach Räumlichkeiten.
5. Beschaffe Ausrüstung.

Du hast den Plan, innerhalb von drei Monaten ein Fitness-Studio zu eröffnen und das innerhalb eines Jahres zu vervierfachen.

Die Realität sieht folgendermaßen aus: Ein Fitness-Studio in zwei Monaten und bis zu acht in einem Jahr.

Jede Phase muss Antworten und Lösungen enthalten.

Du solltest alles aufschreiben, was der Prozess beinhaltet und folgendes gewährleisten:

1. Das Zusammenspiel all dieser Punkte
2. Die regelmäßige Wiederholung

3. Der geschlossene Kreislauf

Danach musst du mit einer neuen Phase beginnen, dem Prozess. Wir beginnen damit, alle Phasen zusammenspielen zu lassen und sorgen dafür, dass sich alles regelmäßig wiederholt, verbinden das eine mit dem anderen und schließen den Kreislauf. Das ist also der Ablauf des Prozesses. Ein Prozess ist das Zusammenwirken von allen Dingen von A bis Z, ohne Lücken.

„Die Seele des Faulpelzes fleht und bekommt nichts."

König Salomon

Kapitel 9.
Praktische Schritte, um deine Vision umzusetzen.

Konkrete Schritte vom Traum bis zu dessen Erfüllung

Um dieses Kapitel noch besser veranschaulichen zu können, möchte ich dich mit Sara Blakely bekannt machen. Ich mag diese Geschichte aus vielerlei Gründen. „Sie macht Freude, ist beeindruckend und inspirierend. 2012, im Alter von 41 Jahren, wurde Blakely die jüngste Selfmadefrau, die auf die Liste der Forbes-Milliardäre gelangt ist.

Sara hatte eine Idee, schuf einen Prototypen, richtete Produktionseinrichtungen ein und erfand die Handelsmarke. Sie entwarf die Verpackung und patentierte selbst das Produkt. Sara organisierte Fototermine, um ihre Erfindung an sich selbst zu demonstrieren. Blakely sagte, sie hätte zwei Jahre damit verbracht, in Kaufhäusern zu stehen, Spanx zu verkaufen und dabei mit den Kunden zu reden.

Laut Forbes hatte Sara unglaublichen Erfolg ohne einen einzigen Dollar für Werbung auszugeben. Ihr Anfangskapital waren nur 5000 $.

Wie hat sie das geschafft? Die Idee mit Spanx kam Sara Blakely zuerst 1998. Sie hatte vor, eine weite Hose zu tragen und machte sich Gedanken, ob man ihre Unterhose dadurch sehen konnte. Sie entschied sich für die Do-it-yourself-Variante. Sie nahm sich eine Schere, schnitt die Füße einer figurformenden Seidenstrumpfhose ab und zog sie an. Da war der Anfang.

Wie wir sehen, hörte Sara, nachdem sie eine Idee gehabt hatte, nicht auf, sondern fing an, daran zu arbeiten, diese Idee ins Leben zu rufen. Darin sah sie ihren Auftrag im Leben – das Leben der Frauen noch attraktiver zu machen.

Zunächst stellte sie den Prototypen für ihr Produkt zu Hause her. Dann ging sie zu allen Herstellern für Damenunterwäsche in ihrer Gegend, um ihnen ihre Erfindung anzubieten. Dazu arrangierte sie ein Treffen mit einem Anwalt, um ihre Idee patentieren zu lassen. Der Anwalt konnte nicht glauben, dass die Frau, die vor ihm stand, wirklich meinte was sie sagte. Er hielt es für einen Witz mit versteckter Kamera. Er teilte ihr jedoch mit, dass der Preis für die Anmeldung einer Handelsmarke zwischen 3000 und 5000 $ betragen würde. Sarah hatte nur 5000 $ gespart, und sie entschied, diese nicht für die Patentanmeldung auszugeben, sondern ihr Produkt selbst zu patentieren. Sara las mehrere Bücher über Handelsmarken und Patente, schrieb das Patent selbst und fand später auch einen Anwalt, der ihr half, die Ansprüche zu schreiben. Danach dachte sie über einen Namen nach, indem sie die Geschichte der Namen aller bekannten Firmen studierte. Sara wusste, dass Kodak und Coca-Cola die anerkanntesten Namen der Welt sind, und bei beiden herrscht der Laut des K's im Namen vor.

Mit diesem Laut hatte es etwas Besonderes auf sich. Der Name „Kodak" hatte nie existiert und wurde von seinem Eigentümer erfunden, aber der Buchstabenzauber funktionierte dennoch. Sara erfand den Namen „Spanx", weil er ebenfalls den Laut des K im Namen hat.

Lieber Leser, du siehst, wie Sara den ganzen Prozess der Anmeldung und der Namensgebung ihrer Firma gründlich studiert hat.

Nachdem sie ihr Patent angemeldet hatte, nahm sie sich eine Woche von der Arbeit frei und reiste in North Carolina herum, um alle Hersteller für Damenunterwäsche zu besuchen, die ihr Angebot schriftlich abgelehnt hatten.

Jetzt als sie ihnen gegenüberstand, lehnten sie ihr Angebot wieder ab. Nach wenigen Tagen jedoch gab ihr einer der Eigentümer unerwartet eine positive Antwort. Er erklärte, dass seine beiden Töchter von Saras Erfindung beeindruckt waren. Nun schuf Sara ein gebrauchsfertiges Produkt und die Fabrik entwickelte den Herstellungsprozess für ihre Erfindung von A bis Z.

Sara achtete nicht auf die verschiedenen Hindernisse und Schwierigkeiten. Sie wusste was sie wollte. Sie war sich ihrer Bestimmung bewusst und setzte sie mutig um. Das führte dazu, dass ihr ganzes Potenzial und ihre außergewöhnliche Persönlichkeit zum Vorschein kamen.

Sara konnte nun ihre ganzen Ersparnisse von 5000 $ investieren, um ein paar Muster ihre Produktes herzustellen. Dann benötigte sie einen Absatzmarkt.

Sie besuchte viele Geschäfte für Damenunterwäsche und kaufte Muster von allen bekannten Herstellern ein. Zu Hause untersuchte sie die Verpackungen. Sie waren grau und langweilig. Dann entwickelte sie selbst ein Design für ihre Verpackung, machte es hell und bunt. Danach begann sie, nach Absatzmärkten zu suchen. Sie rief in jedem Geschäft und jeder Firma an, die diese Produkte verkaufte. In einer Firma wurde ihr gesagt, dass die Geschäftsführerin sie treffen kann, aber sie würde nur zehn Minuten Zeit haben. So schnell sie konnte nahm Sara ein Flugzeug und flog zur Präsentation nach New York. Nach fünf Minuten ihrer Präsentation hatte Sara das Gefühl, dass ihre Rede nicht sehr überzeugend war. Sie nahm ein Risiko auf sich und änderte ihre Pläne bezüglich der Präsentation. Sie bat die Direktorin, ihre Erfindung anzuprobieren. Zu ihrer Überraschung war diese damit einverstanden und unterschrieb bald die Vereinbarung mit Sara, ihr Produkt zu vertreiben.

Du siehst, dass du leidenschaftlich und überzeugt von der Einzigartigkeit deiner Idee sein musst, um eine solch außergewöhnliche Präsentation zu halten. Ihr Mut wurde belohnt. Während sie zum Flughafen ging rief sie den Inhaber der Fabrik an und rief laut, dass sie den Vertrag mit der Firma gemacht hat und viele Produkte benötigt. Der Inhaber war erstaunt und erwiderte: „Ich dachte, Sie würden bis zu Ihrer Rente brauchen, bis sie die 1000 Stück, die wir produziert haben, verkaufen."

Eine unerwartete Wende der Ereignisse, weil die Erfinderin beharrlich blieb, ist das nicht toll?

Das konnte geschehen, weil die Frau die Mission ihres Lebens verstanden hatte, ihre Persönlichkeit entfaltete und selbstbewusst auf ihr Ziel zuging. Die Verkäufe begannen. Sara rief alle ihre Freunde an und bat sie, in Geschäfte zu gehen, viel Aufhebens um das Produkt zu machen und es zu kaufen. Auf diese Weise schaffte sie es, ihre Verkäufe zu organisieren.

Eines Tages schickte Sara ihr Produkt einfach als Geschenk an Oprah Winfrey. Es war eine Überraschung, als Oprah anrief und sich bei Sara für das Geschenk bedankte. Sie schlug Sara vor, eine Sendung über ihr einzigartiges Produkt zu machen. Die Fernsehcrew kam zu Saras Haus, um sie bei der Arbeit mit ihrem Team im Büro zu filmen. Sara musste ihre Freunde anrufen und sie bitten, mitzuspielen, und sich als Mitglieder ihres Teams darzustellen. Die Filmcrew konnte nicht glauben, dass sie die ganze Arbeit alleine machte. Nach Oprahs Show sind die Spanx-Produkte sehr populär geworden.

Der Mensch, der seine Berufung kennt, wird überall Gelegenheiten finden.

Er wird sich nicht genieren, vor großen und berühmten Menschen zu stehen, weil er weiß wer er ist und er die Bestimmung seines Lebens kennt.

Nur fünf Jahre nachdem sie ihr Geschäft begonnen hatte, konnte Sara es sich leisten, drei Leute für ihr Team anzustellen. Das Firmenbüro ist noch immer in ihrer Wohnung.

So kam es, dass Sara eine Milliarde Dollar verdiente und bis zum Alter von 41 Jahren zu einer Führerin in der Männer- und Damenunterwäsche-Branche wurde.

Sie ging durch den Prozess hindurch, ihre Vision von A bis Z umzusetzen. Sie hatte kein Anfangskapital, und sie investierte keinen einzigen Dollar in Werbung. Sie meldete ihr Patent selbst an, entwarf eine umwerfende Verpackung für ihre Produkte und entwickelte das erste Muster ihrer Ware selbst. Sie zeigte, wie beharrlich sie war, als sie sich einen Hersteller suchte, der die Produktion ihrer Güter übernahm. Dank ihrer ungewöhnlichen Präsentation fand sie Absatzmärkte, und wegen ihrer enormen Ausdauer ist ihr Produkt im ganzen Land und weltweit bekannt geworden. Sie stellte ein Team von Gleichgesinnten auf, das noch immer zusammen arbeitet. Wenn Sara es geschafft hat, kann es jeder von uns auch schaffen. Du musst nur standhaft, beharrlich, leidenschaftlich und von der Idee und dem starken Wunsch getrieben sein, dein Produkt auf den Markt zu bringen. Natürlich muss es eine Nachfrage nach dem Produkt geben, es muss etwas sein, das die Verbraucher benötigen und das ihnen Nutzen bringt. Sara hat es geschafft. Jetzt liegt es an dir!

Hier einige konkrete Schritte, wie sich dein Traum erfüllen kann.

1. Setze dir ein bestimmtes Ziel.
Finde heraus: Was für eine Art von Ziel möchtest du erreichen?

Beispiel: Wenn ich einen Eintopf kochen möchte, für wie viele Personen sollte er sein?

Du musst dir ein bestimmtes Ziel setzen: Was für eine Art von Ziel möchte ich wirklich erreichen?

2. Die Zeitspanne
Wie viel Zeit habe ich?

Zum Beispiel: Wie viel Zeit habe ich, um einen Eintopf zu kochen? Ein Jahr, einen Monat, einen Tag oder eine Stunde?

Du musst dich fragen: Wie viel Zeit benötige ich, um diesen Plan umzusetzen?

Wieviel Zeit habe ich, um einen Eintopf zu kochen? Ein Jahr, einen Monat oder einen Tag?

Das ist notwendig, damit wir unser Handeln rechtzeitig planen können: Für einen Tag, eine Woche, einen Monat, ein Jahr usw.

Wenn wir uns keine zeitlichen Grenzen setzen, können wir im Prozess stecken bleiben und unser Ziel niemals erreichen.

3. Das Gebiet
Wo möchte ich mein Ziel umsetzen?

London oder Cambridge?

England oder Schottland?

Wenn ich einen Sportclub aufbauen möchte – wo, in welcher Gegend?

Wo möchtest du deine Idee umsetzen, wo möchtest du dein Geschäft errichten?

Möchtest du eine Schokoladenfabrik aufbauen? Wo? In welcher Gegend? Warum möchtest du sie gerade dort aufbauen? Ist es in der Stadt oder auf dem Land? Wodurch wird deine Entscheidung beeinflusst?

4. Finde heraus, welche Ressourcen knapp sind.
Überprüfe genau, welche Ressourcen du bereits hast.

Du hast zumindest:

- deinen Kopf
- Augen
- Hände
- deinen Körper
- dein Wissen

Finde heraus, welche anderen Ressourcen du noch benötigst, um dein Ziel zu erreichen.

5. Bestimme, was du mit den Ressourcen tun kannst, die dir bereits zur Verfügung stehen.
Menschen, Zeit, Geld. Zumindest hast du bereits einen Kopf, Hände und Beine. Du selbst bist die wichtigste Ressource.

Denken wir noch einmal an Sara. Sie wurde mit ihrer Aufgabe fertig, hatte nur sich selbst, ihr Leben als Ressource. Wir haben Augen, einen Körper, Wissen, was sonst brauchen wir? Sara hatte einfach nur eine Idee, und sonst nichts, aber ihr Traum wurde wahr.

Was kannst du mit den Ressourcen anfangen, die dir bereits zur Verfügung stehen?

6. Wie fängt man an?
Entscheide dich, mit welchen Schritten du beginnen möchtest.

7. Teile die Aufgabe in Zeitabschnitte ein
Das bedeutet, „deinen Elefanten in kleine Teile zu zerlegen". Teile die große Aufgabe in kleine Teile ein, die täglich getan werden können, und fange an zu arbeiten.

Das große Ziel macht dir keine Angst mehr, du kannst es dir für die Zukunft aufbewahren, aber es gibt Dinge, die du bereits jetzt tun kannst: „Was muss ich in einer bestimmten Zeitspanne erledigen: Einem Monat, einer Woche, einem Tag?"

8. Was ist ein Plan?
Ein Plan ist nicht die tägliche Routinearbeit, die ein Mensch tut, es ist nicht einmal ein Zeitplan. Der Plan betrifft dein Leben, deine Berufung. Schreibe auf, was du in diesem Leben wirklich tun willst, und dann schreibe auf, was du jeden Tag tun musst, um dieses Ziel zu erreichen. Schreibe alle deine täglichen Schritte auf.

Am obigen Beispiel sehen wir, dass Sara einen festen Job hatte, der ihr ein gewisses Einkommen sicherte. Sie hatte auch einen Traum – die Idee, Figur formende Unterwäsche für Frauen zu entwerfen. Und ihre Pläne bezogen sich auf ihre Träume, ihre wahre Bestimmung, und keine tägliche Routine und Arbeit. Sie ging in ihrer Freizeit Schritte, um ihr Lebensziel zu erreichen.

Wenn ein Mensch während eines Tages nichts für seine Bestimmung und Berufung getan hat, dann hat er gar nichts getan.

Du solltest jeden Tag etwas tun, das mit der Bestimmung für dein Leben zu tun hat.

Wenn du dein Ziel in kleine Abschnitte einteilst, dann sollte das auf das kleinste messbare Element heruntergebrochen werden, einem Tag, damit du genau weißt, was an jedem Tag zu tun ist.

Wenn du z.B. mit der Aufgabe konfrontiert bist, 30 Leute im Monat zu finden, die dein Produkt kaufen, dann heißt das, dass du täglich eine Person finden musst. Du musst also darüber nachdenken, wie du diese Aufgabe jeden Tag, und nicht jeden Monat, ausführen kannst.

Nimm dir ein allgemeines Ziel oder eine Aufgabe vor und teile sie in Zeitabschnitte ein.

Lasst uns das genauer betrachten.

Nehmen wir einmal an, du willst eine Suppe kochen und hast dafür fünf Stunden Zeit. Dann teilst du die Zeit in Abschnitte ein, die du benötigst, um einkaufen zu gehen, das Gemüse zu schälen und zu kochen. Oder: Du musst 20 Kunden im Monat finden, um deine Produkte verkaufen zu können. Das heißt, dass du jeden Tag einen Kunden finden musst. Es ist notwendig, die Aufgabe durch die dir zur Verfügung stehende Zeit zu teilen.

Denke nicht an einen Monat. Du musst den Tag planen. Du musst dir deinen „Elefanten" vornehmen und ihn in kleine Teile zerlegen und jeden Tag ein Stück davon essen. Du musst nicht denken: „Was für ein riesiger Elefant! Was für eine schwere Aufgabe!" Das ist falsch! Deshalb haben viele Menschen Angst vor dem Maßstab „Elefant", sie denken immer an die Größe des Problems. Es gibt keinen Grund, daran zu denken, du musst nur das Problem als Perspektive betrachten.

Sara Blakely dachte nicht jeden Tag daran, dass ihre Produkte auf den weltweiten Markt gelangen müssen. Sie dachte nicht darüber nach, wie viel Geld sie für Werbung investieren sollte. Sie tat jeden Tag das, was sie tun konnte. Den Rest betrachtete sie als

Perspektive. Ihr eigenes Zuhause wurde zu ihrem Büro, und sie investierte nichts in die Werbung für ihr Produkt, weil sie es selbst bewarb. Zerlege ein Problem in Teile, und tu das, was für jeden Zeitabschnitt vorgesehen ist. Erledige die Arbeit, die für einen Tag vorgesehen ist. Das ist alles. In der übrigen Zeit kannst du spazieren gehen, tun was du willst, aber der Teil, der an diesem Tag zu erledigen ist, ist ein Muss. Danach kannst du alles andere machen! Aber tue jeden Tag etwas für deinen Traum, für dein Ziel.

Mark Twain schrieb 1000 Wörter am Tag. Stephen King schrieb 10 Seiten Text am Tag. Du musst wissen, was jeden Tag zu tun ist, um deine Mission ausführen zu können. Du wachst am Dienstagmorgen auf und weißt bereits, was du tun willst, um dein Ziel zu erreichen. Das ist sehr wichtig, denn das Zeitguthaben für dein Leben ist begrenzt. Schätze und achte deine Zeit – das ist der Schlüssel zum Erfolg!

9. Teile das Ziel so ein, das es im Verhältnis zu den verfügbaren Ressourcen steht.

Es ist wichtig, nach Wegen zu suchen, das Problem unter Berücksichtigung der verfügbaren Ressourcen zu lösen.

Du musst lernen, alles um dich herum als deine Ressourcen zu sehen, deine Gelegenheiten, und sie zu deinen Waffen zu machen, damit sie zu deinen Gunsten arbeiten und du dein Ziel erreichen kannst.

Sara Blakely nahm sich Zeit, Bücher zu lesen, in denen stand, wie man ein Patent anmeldet. Dann nutzte sie die Verpackung der Güter in den Geschäften, um herauszufinden, wie ihre eigenen Verpackungen aussehen sollten. Sie sandte ihr Produkt als Geschenk an Oprah Winfrey, so wurde sie in Oprah's Show eingeladen, und Millionen Amerikaner erfuhren von ihrem Produkt.

Alles um dich herum ist dein Leben und deine Gelegenheit. Es ist eine Verbindlichkeit, die in ein Kapital verwandelt werden sollte, das für dich arbeitet, zu deinen Gunsten.

10. Ressourcen praktisch:

Computer: Wie kann ich das Problem mit dieser Ressource lösen?

Meine Mitmenschen: Was kann ich mit Hilfe meiner Beziehungen tun?

Wenn keine Zwiebeln da sind, um eine Suppe zu kochen, ich aber Freunde habe, dann kann ich die Suppe mit Hilfe meiner Nachbarn kochen. Auch das ist schon eine Ressource.

Ich möchte euch das anhand eines ganz einfachen Beispiels zeigen, wie Wissen uns helfen kann, ein jedes Problem zu lösen.

Du weißt nicht, wie man eine Suppe kocht, aber es gibt das Internet, wo du Rezepte finden kannst. So kannst du das Problem lösen.

Der nächste Schritt: Du musst ein allgemeines Problem in Abschnitte einteilen und diese in die verfügbaren Ressourcen, wie z. B. Menschen. Wie kannst du die Angelegenheit mit ihnen und ihrer Hilfe lösen?

Sagen wir einmal, du hast eine Ressource an Beziehungen. Wie viele Probleme kannst du mit Hilfe deiner Bekannten lösen?

Sara nutze ihre Ressourcen – Bekannte, Freunde, also Menschen. Mit deren Hilfe geriet sie an den Direktor einer Einkaufskette, die Damenunterwäsche verkaufte und konnte so ihre Produkte hervorragend präsentieren. Diese Präsentation war der Anfang eines gewaltigen Erfolges. Sieht das wie ein Zufall aus? Nein, es ging dabei um Ressourcen, die sinnvoll eingesetzt wurden!

11. Baue ein Team auf

Das bedeutet, dass du Gleichgesinnte finden oder aber das Team allein aufbauen musst.

Sara Blakely baute sich ihr Team auf originelle Weise auf. Der erste im Team war ihr Freund. Weil er sah, wieviel Zeit ihre Idee in Anspruch nahm, half er ihr auf freiwilliger Basis. Dann sprach sie mit einer Freundin eine halbe Stunde lang über die Vorteile von Spanx, was dazu führte, dass Sara ihr die Position der Leiterin für Öffentlichkeitsarbeit anbot. Denke nicht sofort über das Team nach. Während du vorangehst, werden sich die wichtigen Unterstützer finden.

12. Teile die Aufgabe in Bereiche für jedes Teammitglied ein.

Übergib ihnen Verantwortung, einen Job, beschreibe ihre Aufgaben klar, und erkläre, was du von ihnen erwartest. Du kannst nicht alles alleine machen. Du musst lernen, wie du Verantwortung delegierst und den Menschen vertraust, dass sie ihre Aufgaben rechtzeitig und gut erledigen.

13. Das Kontrollsystem

Schaffe dir ein System, um zu kontrollieren, wie jeder seinen Job macht. Der menschliche Faktor ist sehr wichtig. Es ist sehr wichtig, die Qualität der ausgeführten Arbeit zu kontrollieren. Menschen könnten dich sonst im Stich lassen.

14. Schaffe dir ein System von Belohnung und Strafe

Wenn es nötig ist solltest du ein System zur Belohnung und Strafe für dich selbst und deine Mitarbeiter einsetzen.

Das waren also die praktischen Schritte, wie du beginnen kannst, deinen Traum umzusetzen. Nun ist nur noch dein Handeln gefragt!

Schlussfolgerungen

1. Wir erkennen unsere Berufung an unseren natürlichen Wünschen.

2. Deine Einzigartigkeit liegt dort, wo du besonders bist und dich von anderen unterscheidest.

3. Dinge, die du sehr liebst oder sehr hasst, können deine Berufung sein.

4. Es ist bekannt, dass das Umfeld zu 50 % zu deinem Erfolg beiträgt. Wenn du Journalist werden willst, musst du mit Journalisten kommunizieren, die Profis auf diesem Gebiet sind. Wenn du dich selbst als hervorragenden Verkaufsmanager siehst, musst du dir ein entsprechendes Umfeld suchen und außerdem an Verkaufstrainingskursen teilnehmen.

5. Oft träumen wir nur von etwas, aber erfüllen unsere Bestimmung nicht. Der Grund dafür ist, dass wir nicht wissen, wie wir einen Traum verwirklichen können.

6. Es gibt zwei Gründe, die Menschen zu ihrer Verteidigung nennen:

- Ich weiß nicht wie – eine Frage des Prozesses. Du hast den Prozess nicht verstanden, wie man seine Träume erreicht und erfüllt.

- Keine Gelegenheiten, kein Geld, keine Ressourcen. Beides ist wichtig, um deine Bestimmung auszuführen.

7. Das Wichtigste, was du tun musst, um deine Bestimmung zu leben ist innezuhalten. Mache es dir bequem, setz dich hin und nimm dir Zeit zum Nachdenken.

8. Studiere das Gebiet, das dich interessiert, gründlich. Es ist wichtig, dass du das Studium von allen Seiten angehst, um so viel Information wie nur möglich zu erhalten.

9. Es ist wichtig, dir ein System oder eine Struktur aufzubauen, die es dir ermöglicht, deinen Traum in die Realität umzusetzen.

10. Es ist wichtig, dir einen Plan zu erstellen, bei dem es um deine Ziele und deine Berufung geht. Dazu solltest du detailliert aufschreiben, was du jeden Tag zu tun hast, um die Mission deines Lebens auszuführen.

11. Wenn du während des Tages nichts unternommen hast, um deiner Berufung nachzugehen – dann hast du gar nichts getan.

12. Das Ziel muss in den kleinsten messbaren Zeitabschnitt eingeteilt werden – einen Tag. Dann weißt du genau, was du jeden Tag tun musst.

13. Denke nicht an einen Monat. Plane den Tag. Du musst dir deinen „Elefanten" vornehmen und ihn in Teile zerlegen. Jeden Tag „isst" du ein Stück davon. Es gibt keinen Grund zu denken „Oh, was für ein riesiger Elefant!"

14. Du musst lernen, alles um dich herum als deine Ressourcen zu sehen, deine Gelegenheiten. Verwandle sie in deine Waffen, so dass alles zu deinen Gunsten funktionieren kann und dir hilft, dein Ziel zu erreichen.

Lieber Leser, wenn du alle diese Fragen beantwortet hast, dich für deinen Traum entschieden hast, für die Dinge, die du liebst, dein Ziel, dann ist es ganz wichtig, dass du in diesem Stadium nicht aufgibst.

Nimm dir eine Auszeit und widme dich dem Studium deines Interessengebietes. Führe Recherchen durch, um das Thema von allen Seiten anzugehen. Suche dir so viele Informationen zu deinem Thema wie du kannst.

Schiebe Dinge nicht auf und schaffe dir eine Struktur, die es dir möglich macht, deine Vision zu realisieren.

Mache dir einen Plan, bei dem es um deine Berufung geht, und beschreibe genau, was jeden Tag getan werden sollte, um die Mission deines Lebens auszuführen.

Bedenke! Wenn ein Mensch am Tag nichts tut, was mit seiner Berufung zu tun hat, dann hat er gar nichts getan.

Wenn du deine Bestimmung in kleine Teile zerlegst, dann muss das bis zum kleinsten messbaren Segment geschehen – einem Tag. Dann weißt du genau, was du jeden Tag tun musst.

Das Wichtigste ist, dass du deine Ziele und Pläne aufschreibst. Es ist bewiesen, dass Menschen, die Pläne haben, diese aber nicht aufschreiben, denen gegenüber im Nachteil sind, die ihre Pläne aufgeschrieben haben.

Von 1979 bis 1989 fand an der Harvard Universität ein besonderes Experiment statt. Den Absolventen wurde die Frage gestellt: „Habt ihr euch klar niedergeschriebene Pläne für die Zukunft gesetzt? Habt ihr euch Pläne gemacht, wie ihr diese Ziele erreichen könnt?"

Die Ergebnisse zeigten folgendes:

- 3 % der Teilnehmer hatten solche Ziele und Pläne;
- 13 % hatten Pläne, sie aber nicht niedergeschrieben
- Etwa 84 % der Studenten hatten kein bestimmtes Ziel, außer ihren Abschluss zu machen und den Sommer zu genießen

Dieselben Absolventen wurden zehn Jahre später, 1989, noch einmal befragt. Es stellte sich heraus, dass 13 % derjenigen, die ein

Ziel hatten, es aber nicht niedergeschrieben hatten, im Durchschnitt doppelt so viel verdienten als die 84 %, die sich keine Ziele gesetzt hatten. Das Erstaunlichste jedoch war, dass die 3 % der Studenten, die ihre Ziele auf Papier niedergeschrieben hatten, im Durchschnitt zehnmal so viel verdienten wie die übrigen 97 % aller Studenten. Der einzige Unterschied zwischen den drei Kategorien war, wie klar sie sich ihre Ziele gesetzt hatten.

Aber das Experiment war noch nicht zu Ende! Bei den Recherchen wurde herausgefunden, dass jene 3 % der Absolventen auch in ihrem privaten Leben und Familienleben wesentlich erfolgreicher waren. Sie fühlten sich glücklicher, zufriedener, zu Scheidungen kam es selten, und sie waren weniger depressiv als die übrigen 97 %.

84 % sind die Menschen, die keine klaren Pläne für ihr Leben haben. Sie werden zur Arbeitskraft, zu kleinen Teilen im globalen System dieser Welt.

13 % sind ebenfalls kleine Teile des Systems, weil sie nur ein Ziel im Kopf hatten, es aber nicht aufschrieben, und auch keinen klaren Plan hatten, wie sie dieses Ziel erreichen können, so dass es unmöglich war, es zu erreichen. Sie hatten kein System, um gut zu planen und Ziele zu erreichen.

Schreibe also deine Ziele auf, mache dir einen Plan auf Papier und folge strikt diesem Plan.

Teil 3

Was hindert uns daran, unsere Berufung zu erfüllen?

Lieber Leser! Im zweiten Teil unseres Buches haben wir die Frage beantwortet: „Wie findet man zu sich selbst?" Wir haben die Prinzipien untersucht, wie man einen Traum verwirklicht, und wie man von A nach Z gelangt. Wir haben uns die Schritte angeschaut, wie man dies praktisch umsetzen kann und welche Schritte vom Traum bis zu dessen Verwirklichung notwendig sind.

Im dritten Teil dieses Buches werden wir die Frage beantworten: „Was hindert uns daran, unsere Berufung zu erfüllen?"

Warum scheitern wir so oft daran, unsere Ziele zu erreichen? Was hindert uns daran, unsere Berufung zu erfüllen?

Warum verwirklichen einige Menschen ihre Träume, obwohl sie keine besonderen Talente und Gaben haben, während andere, die begabter sind, ihr Ziel nicht erreichen?

Kapitel 10:

Was ist ein Minderwertigkeitskomplex und wodurch wird er verursacht?

Was ist ein Minderwertigkeitskomplex und wodurch wird er verursacht?

Ich möchte euch von einem interessanten Experiment erzählen, das bei der Werbung für Kosmetikprodukte durchgeführt wurde. Eine Frau wurde zum Spiegel geführt und darum gebeten, ihr Aussehen einzuschätzen. Was sie sagte wurde mit einem Diktaphon aufgenommen. Dann malte ein Künstler ein Portrait dieser Frau. Die nächste Gruppe, die ebenfalls am Experiment teilnahm, schaute sich dann das fertige Portrait der Frau an und sollte dann ebenfalls ihr Aussehen einschätzen. Alle Phasen dieses Prozesses wurden gefilmt. Dann wurde das Video, in dem die Teilnehmer das Aussehen der Frauen eingeschätzt hatten, den Frauen gezeigt.

Der Teil, in dem die Frauen zum ersten Mal den Unterschied sahen, wie sie selbst ihr Aussehen beschrieben und wie andere Menschen es taten, war sehr berührend.

Frauen schätzen ihr Aussehen nicht sehr wohlwollend ein. Sie sind zu kritisch mit sich selbst. Aber diejenigen, die ihre vom Künstler gemalten Portraits sahen, mochten ihr Aussehen sehr.

Natürlich ist es wichtig, dass jede Frau ihre natürliche Schönheit zu schätzen weiß, aber sie muss auch über das Thema Komplexe generell nachdenken. Denn schließlich sind es Komplexe, die Frauen mit einem guten Aussehen daran hindern, sich selbst angemessen einzuschätzen.

Das Experiment wirft das Thema Komplexe auf. Das Thema ist nicht neu, aber das Interessante hierbei ist, dass die Realität der Frauen verzerrt wurde. Frauen mit einem schönen Äußeren konnten sich nicht objektiv einschätzen. Das bewirken Minderwertigkeitskomplexe. Sie verzerren die Realität. Wenn wir uns selbst falsch einschätzen, dann täuschen wir uns in Bezug auf unsere Fähigkeiten. Wir sind uns dann nicht bewusst, dass wir in der Lage sind, unser Ziel zu erreichen. Ein Komplex baut also Hindernisse auf. Er verzerrt unsere Wahrnehmung und hindert uns daran, ein Ziel zu erreichen.

Ein Komplex entzieht unserer Persönlichkeit die Energie. Wir sorgen uns dann ständig darum, nicht die Intelligentesten und Erfolgreichsten zu sein. Wir fürchten, hässlich zu sein, keinen Erfolg zu haben, und wir haben Angst vor Dingen. Die Energie, die wir benötigen, um unser Ziel zu erreichen, wird für sinnlose Angst verbraucht. Das hat zur Folge, dass wir unsere Ziele nicht erreichen. Wir haben Angst, kein Selbstvertrauen, wir sind unentschlossen, und wir bleiben weitgehend passiv. Was ist das für ein Komplex, und wodurch wird er verursacht?

Verschiedene Lehrer geben uns unterschiedliche Antworten auf diese Frage, wenn du aber nach etwas suchst, was ihre Definitionen gemeinsam haben, dann klingt es höchstwahrscheinlich in etwa so: „Etwas das unsere Wahrnehmung von uns und der Welt verzerrt".

Der erste Schritt, von Komplexen frei zu werden – und als Folge davon ein bewussteres und harmonischeres Leben zu führen – ist zu sehen und zu verstehen, wo diese Verzerrungen in unserem Leben auftreten.

Je mehr Verzerrungen wir haben, desto weniger Aufmerksamkeit können wir der Entfaltung unseres Potenzials und unserer Persönlichkeit widmen.

Stelle dir vor, dass du jeden Tag 100 % an Energie bekommst, und du diese entweder in Selbstverwirklichung und die Verfolgung deiner Ziele investieren kannst oder aber in den Kampf mit dir selbst oder deiner Umwelt. Du kannst deine empfangene Energie dafür einsetzen, Ziele zu erreichen, Pläne umzusetzen, für

Weiterbildung, Sport oder einen gesunden Lebensstil. Das heißt, dass du die empfangene Energie nutzt, um dich selbst zu verwirklichen. Aber für viele Menschen wird ein großer Teil der Energie für den Kampf mit Komplexen, Ängsten und Sorgen verbraucht. So kann die Energie nicht dafür verwendet werden, ihre Ziele und ihre Träume zu verwirklichen, was umgekehrt wieder dazu führt, dass sich Potenzial nicht entfalten kann.

Wie Robin Sharma sagt: *„Nicht entfaltetes Potenzial verwandelt sich in Schmerz"*, was dann zu noch mehr Komplexen führt.

Wie viel deiner täglichen Energie verwendest du für Unzufriedenheit und Ärger über deine Mitmenschen?

Schätze einmal ein, wie hoch der Prozentsatz an Energie ist, der für Ablehnung deiner selbst und anderer, schlechte Laune, negative innere Dialoge, Selbstkritik, Unzufriedenheit, Vergleichen mit anderen, Angst, Ablehnung und Selbstmitleid verloren geht? Um diesen Prozentsatz zu verringern muss man den wichtigsten Grund verstehen, der uns daran hindert, glücklich zu werden und uns selbst zu verwirklichen.

Es ist der Minderwertigkeitskomplex. **Je größer dieser Komplex ist, desto mehr Energie entzieht er uns, desto weniger Energie bleibt uns, um unsere Pläne und Ziele zu verwirklichen, und desto geringer ist die Wahrscheinlichkeit, dass wir unser angeborenes Potenzial entfalten.**

„Wenn mich etwas vorantreibt, dann ist es meine Schwäche, die ich hasse und die ich deshalb in meine Stärke verwandle."

Michael Jeffrey Jordan

Michael Jordan ist ein herausragender Sportler und Basketballspieler, der zehn Jahre lang sehr gute Ergebnisse gezeigt hat und der mehrere Rekorde aufgestellt hat, die von anderen Sportlern noch nicht übertroffen wurden.

Viele Menschen sind von ihrem eigenen Verhalten verwirrt. Sie verstehen nicht, warum sie in ihrem Leben nicht vorankommen, auch nicht mit viel Training, kurzfristigen und langfristigen Plänen und, was das wichtigste ist, einem großen Potenzial.

Jeder sollte darüber nachdenken, warum gewisse unerwünschte Situationen im Leben auftreten. Warum ist ein Mensch mit einer großartigen Gabe oder Talent unfähig, seine Bestimmung im Leben zu erfüllen?

Was ist das größte Hindernis auf dem Weg zur Selbstverwirklichung? Eine erfolgreiche Selbstverwirklichung verhindert, dass wir Minderwertigkeitskomplexe bekommen. Der Minderwertigkeitskomplex wird in der Kindheit erworben. Es ist bekannt, dass sich das menschliche Denken in den ersten fünf bis sieben Lebensjahren bildet. Wie beeinflusst das Umfeld das Denken des Kindes und demzufolge sein zukünftiges Leben?

Sowohl positives als auch negatives Denken kann in einem Kind angelegt werden. Negatives Denken beruht auf Komplexen. Die psychologische Struktur des Komplexes, der in der frühen Kindheit angelegt wurde, behält der Mensch sein Leben lang. Alfred Adler glaubt, dass der Minderwertigkeitskomplex universal ist, alle Menschen ihn gemeinsam haben, und die einzige Frage ist, wie er kompensiert wird: in einer sozial nützlichen, vernünftigen oder in einer unnützen Weise.

Die Werke berühmter Psychologen wie Antonio Megetti und Erich Fromm sagen aus, dass ein Minderwertigkeitskomplex während der ersten Lebensjahre angelegt wird, aufgrund der Art von Liebe, die ein Kind empfängt.

(Erich Fromm, Escape from Freedom. AST, Moskau, 2009. Seite 3-40, Alfred Adler. Analytical psychology//History of foreign psychology: Texte. M., 1986, Seite 131-142)

Wenn ein Kind geliebt wird, fühlt es sich auch in Zukunft liebenswert. Wenn es grob behandelt wird, nicht respektiert und ihm keine Liebe gezeigt wird, wird das Kind Probleme mit dem Selbstwert haben. Das Kind nimmt die Rollenvorbilder des Verhaltens der Eltern unbewusst an. Ohne darüber nachzudenken wird es annehmen, dass es nicht liebenswert ist, wenn die Eltern ihm keine Liebe geben, denn sie sind für das Kind die höchste Autorität.

Wenn ein Kind in der Familie z.B. ständig kritisiert wird, hört es auf zu träumen und entwickelt eine negative Einstellung zu sich selbst, glaubt nicht an seine eigene Stärke. Im Erwachsenenleben wird ihm dadurch die Energie, die Begeisterungsfähigkeit geraubt, und es wird sehr selbstkritisch sein.

Man kann einem Kind nicht dafür die Schuld geben, dass es in ein bestimmtes Umfeld geraten und daher Komplexe entwickelt hat. Die Eltern sollten die Persönlichkeit des Kindes respektieren.

Um unser Denken positiv verändern zu können, müssen wir darüber nachdenken, was für Komplexe wir entwickelt haben. Wenn wir einen Komplex entwickeln, hören wir auf, uns persönlich weiterzuentwickeln. Dann benimmt sich ein Mensch, auch wenn er bereits erwachsen ist, manchmal kindisch und unreif.

Dr. Wilder Penfield, Direktor des Neurologischen Institutes in Montreal, führte Experimente durch, welche folgendes zeigten:

- Die Hirnrinde enthält eine Art endlosen Film, der alles das darstellt, was wir seit unserer Kindheit in der Realität erfahren haben.
- Unser Gehirn funktioniert wie ein Computer von höchster Qualität.
- Gefühle, die mit früheren Erinnerungen verbunden sind, sind auch in engem Zusammenhang mit diesen festgehalten.
- Die Persönlichkeit kann in zwei Zustandsformen existieren. Der Patient wusste, dass er auf dem Operationstisch lag und sprach mit Penfield (seinem Arzt). Aber er wusste auch, dass er das Seven-Up-Gebäude und die Bäckerei Harrison gesehen hatte (seine Kindheit). Er befand sich auf zwei Ebenen. Er war gleichzeitig auf der Erfahrungsebene (die Erinnerung an seine Kindheit) und fühlte diese, und auch außerhalb dieser Erfahrung (auf dem Operationstisch) und sah zu.
- Die festgehaltenen Erfahrungen und die Gefühle, die damit verbunden waren, sind heute genauso lebendig abrufbar wie sie damals aufgetreten waren, und bestimmen, wie sich ein Mensch heute verhält. Man kann sich an Erfahrungen nicht nur erinnern, sondern sie auch wiederbeleben. Der Patient erinnerte sich nicht nur an das, was er gefühlt hatte. Er erfuhr dieses Gefühl in der Gegenwart noch einmal.

Wie du siehst bleiben Komplexe und negative Überzeugungen ein Leben lang in unserem Unterbewusstsein haften. Unser Unterbewusstsein speichert alle negativen Überzeugungen, Komplexe und Verhaltensmuster. Die größte Stärke des Unterbewusstseins ist es, alle Überzeugungen eines Menschen speichern zu können.

Alles, was als wahr und zweifellos angesehen wird, wird früher oder später in unser Unterbewusstsein gelangen. Es schlägt dort Wurzeln und schafft eine umfassende Weltanschauung. Wir müssen analysieren, wie wir die Welt sehen. Es ist wichtig, alle Überzeugungen und Komplexe, die uns einschränken, und die wir in der Kindheit erworben haben, von der Familie, Schule und der Gesellschaft, zu prüfen. Dann sollten wir von diesen einschränkenden Einstellungen und Überzeugungssystemen frei werden, damit wir Hindernisse aus dem Weg räumen, unsere Ziele erreichen und unser Potenzial entfalten können.

Wenn ein Mensch, der in einer unglücklichen Familie aufgewachsen ist, sein Unterbewusstsein nicht neu programmieren kann, wird er nicht in der Lage sein, in Zukunft eine gute eheliche Beziehung zu führen. Sein Unterbewusstsein hält dann an der Erinnerung an vergangene Konflikte, Streitereien und andere negative Vorfälle in der Familie fest, die diesen Menschen weiter beeinflussen und bestimmen, wie er sich in der Gegenwart verhält.

Sein Unterbewusstsein wird dann sein Bestes tun, um ihn von einer gelungenen Ehe abzuhalten, denn es besteht eine Uneinigkeit zwischen dem Bewusstsein und dem Unterbewusstsein. Du strebst vielleicht eine Ehe an, dein Unterbewusstsein kämpft jedoch darum, dich zu schützen und dich von der Bedrohung Ehe fernzuhalten, weil du unbewusst denkst, dass Ehe etwas Negatives ist, das zur Katastrophe führt. Das Unterbewusstsein ist extrem egoistisch, es wird alles tun, damit du sicher bist und in deiner Komfortzone bleibst.

Negative Überzeugungen und Komplexe sind in deinem Unterbewusstsein gespeichert und verursachen eine Schwäche, die verhindert, dass dein Leben gelingt. Sie werden ein Hindernis auf dem Weg zum Erfolg sein, so dass du deine Ziele nicht erreichen kannst. Wenn ein Kind in einer bestimmten Umgebung aufwächst, dann wird sein Denken von Rollenvorbildern bestimmt, vom Verhalten der Eltern, die einen großen Einfluss darauf haben, was sich die Denkweise des Kindes entwickelt. Diese Denkweisen oder Komplexe können Schuldgefühle, Opferkomplexe, Angst vor Versagen, Kritik oder Armut, Einsamkeit, Verlust von Liebe, Erfolg, Unsicherheit, Verleugnung und ein niedriges Selbstwertgefühl sein.

Kapitel 11

Schuldgefühle

SCHULDGEFÜHLE

Helen wuchs in einer Familie auf, in der die Beziehung zwischen den Eltern viel zu wünschen übrig ließ. Der Vater war streng und hart; er war selten zu Hause, und immer mit seiner Arbeit beschäftigt. Er hatte eine kalte Haltung seiner Tochter gegenüber – ebenso wie zu seiner Frau. Die Mutter kritisierte Helen ständig und machte ihr Vorwürfe. Wenn das Mädchen etwas falsch machte, kam es zu einem lauten Skandal. Der Vater brachte Helen nie Zuneigung oder Aufmerksamkeit entgegen. Das Mädchen wuchs in einer Atmosphäre von Gleichgültigkeit und ständigem Streit auf. Das führte dazu, dass Helen nicht glaubte, liebenswert zu sein, weil die Menschen, die sie lieben sollten, sie nicht respektierten, ihr niemals Annahme und Zuneigung entgegenbrachten.

Als sie 14 Jahre alt war, machte sie eine Diät und verlor 15 kg an Gewicht. Sie aß kaum noch etwas und überwachte ihr Gewicht ganz penibel, weil sie sich nur noch akzeptieren konnte, wenn sie den Maßstäben der Modeindustrie entsprach. Ihre Mutter war ratlos, weil Helen aufhörte, gesunde Nahrung zu essen. Sie erkrankte am Magen, weigerte sich jedoch, sich von einem Arzt untersuchen zu lassen und gab nicht zu, dass sie sich wirklich seltsam verhielt. Ihre Mutter hatte das Gefühl, dass es sich nicht nur um eine Diät handelte, sondern das ganze noch mehr nach sich ziehen würde. Bald entwickelte Helen einen Komplex wegen ihres Aussehens. Weil sie dachte, ihr Aussehen sei weit davon entfernt, perfekt zu sein, geriet sie in eine schwere Depression.

Was glaubst du, kann ein Mensch in einem solchen Zustand sein Ziel erreichen oder nach seiner Bestimmung suchen? Natürlich kann er das nicht. Helens ganze Energie ging verloren, weil sie sich um bedeutungslose Dinge sorgte. An Lebensziele und die Antwort auf die Frage „Wer bin ich?" war gar nicht zu denken.

Helen bemühte sich daher um Therapie und psychologische Hilfe. Ihr Handeln basierte auf einer falschen Denkweise, die ihr in der Kindheit ins Unterbewusstsein eingepflanzt worden war. Weil es Helen in der Kindheit an Liebe und Aufmerksamkeit gefehlt hatte, entwickelte sie die Idee, dass sie nur angenommen und geliebt werden kann, wenn sie das Aussehen eines Models hat. Sie begann, sich mit Diäten zu quälen und alle möglichen und unmöglichen Dinge zu tun, um den weltweit anerkannten Maßstäben zu entsprechen. So entstand ihr Komplex, der als Schuldgefühl oder Selbstablehnung bekannt ist. Es brauchte eine lange Zeit der Therapie, bis sie sich so annehmen konnte wie sie ist und es auch dann wert ist geliebt zu werden, wenn ihr Aussehen weit davon entfernt ist, perfekt zu sein.

Zunächst einmal musste sie verstehen, dass sie nicht ihr Aussehen und ihr Körper ist. Was sie ausmacht, sind ihre Eigenschaften, Werte und Überzeugungen, wie nur sie sie hat. Darin besteht ihre Einzigartigkeit und ihre Besonderheit. Sie kann auch geliebt und angenommen werden, wenn sie nicht ihr Idealgewicht hat. Helen verstand, dass sie nicht nur ein schöner Körper ist, sondern eine einzigartige Persönlichkeit.

Als nächstes musste sie ihre Bestimmung und ihr Lebensziel herausfinden. Nachdem Helen sich selbst angenommen hatte, fand sie die Antwort auf die Frage nach ihrer Bestimmung.

Der Komplex, der sich Schuldgefühl nennt, verhindert, dass wir uns so annehmen wie wir geschaffen worden sind. Wir sehen unsere Einzigartigkeit nicht. Ohne es zu wollen versuchen wir, den Anforderungen der Gesellschaft zu entsprechen und tun alles, um akzeptiert zu werden. Wir stellen uns nicht die Frage: „Wer bin ich?" und denken nicht über unseren Lebenssinn und unseren

Auftrag nach. Alle Energie, die wir bekommen haben, um das Ziel zu erreichen und uns zu verwirklichen, wird dafür eingesetzt, von unserem Umfeld akzeptiert zu werden, dessen Ansprüchen zu genügen. Das Ergebnis ist, dass wir unsere Ziele dennoch nicht erreichen.

Helen arbeitete an sich, an ihrem Denken und ihrem Selbstwertgefühl. Diese Arbeit an sich selbst half ihr dabei, den Komplex zu überwinden. Sie änderte ihre Einstellung zu sich selbst und ihrem Aussehen. Sie machte einen Universitätsabschluss, hat einen Job, der ihr gefällt. Sie ist verheiratet und wohnt jetzt in einer anderen Stadt, weiter entfernt von ihren Eltern und verfolgt eine erfolgreiche Karriere. Sie führt eine glückliche Ehe, verwirklicht sich selbst und ist voller Zuversicht und Optimismus. Helens mangelnde Bereitschaft, sich selbst anzunehmen, hatte ihre Selbstverwirklichung und die Suche nach Antworten auf die Fragen „Wer bin ich?" und „Wohin gehe ich?" verhindert.

Wie sieht dieses Verhaltensmuster oder dieser Schuldkomplex aus?

Ein Kind wird gescholten, weil es eine teure Vase zerbrochen hat, aber es ist nicht schuldig. Es kann seine Bewegungen noch nicht richtig kontrollieren, und wir Erwachsenen müssen teure Gegenstände von Kindern fernhalten. Das Kind lernt, dass es schuldig ist, wenn es dafür bestraft wird, Gegenstände zerbrochen zu haben. Die Eltern stempeln das Kind ab, kritisieren es und machen ihm Vorwürfe. „Was kann aus dir schon werden? Du bist ein Dummkopf und Versager." Später gewöhnt sich das Kind durch ständige Kritik an eine negative Einstellung zu sich selbst, so dass es sich selbst nicht lieben kann, sich nicht annehmen kann und negativ denkt: Ich bin ein Verlierer, ich bin dumm, ich weiß nichts, ich bin hässlich.

Dieses Schuldgefühl zerstört das Selbstbewusstsein, vermindert das Selbstwertgefühl, führt zu Ängsten, Verwirrung, Enttäuschung, Mutlosigkeit, Pessimismus und Depression. Schuld raubt Energie und Stärke, so dass der Mensch weniger aktiv ist.

Ein Mensch befindet sich ständig in einem inneren Dialog, bei dem er sich selbst beschuldigt und Unzufriedenheit mit sich und seinem Handeln zum Ausdruck bringt.

Schuldgefühle ziehen Unfälle und Krankheiten an, weil der Mensch glaubt, so etwas zu verdienen. Er kann auch glauben, dass er eine kritische Einstellung verdient hat, und Unfälle und Krankheiten die Strafe für sein falsches Verhalten sind. Er denkt negativ, er kritisiert sich selbst, respektiert sich nicht und erlaubt es seinen Mitmenschen deshalb, ihn genauso zu behandeln. Er glaubt, dass er keine bessere Behandlung verdient hat. Dieser Komplex verhindert, dass ein Mensch eine vollwertige Persönlichkeit sein kann. Für einen Menschen mit einem solchen Komplex ist es natürlich schwer, sein Potenzial einzusetzen, weil er durch eine verzerrte Selbstwahrnehmung behindert wird.

Welche Gefahr birgt dieser Komplex?

In den letzten Jahren wurde sehr für das Buch von Dr. Masaru Emoto „Messages of water" (Botschaften des Wassers) geworben. Es zeigte einzigartige Fotografien von Eiskristallen, die sich aus Wasser gebildet hatten, das verschiedenen nicht physikalischen Einflüssen ausgesetzt war. Zunächst beeinflusste Dr. Emoto, das sich kristallisierende Wasser mit Musik, angefangen von Beethoven bis zu Heavy Metal Bands, und fotografierte die Ergebnisse. Nachdem er festgestellt hatte, dass Musik einen unbestrittenen Einfluss auf die Größe und die Form der Kristalle hat, testete er auch den Einfluss des Bewusstseins auf das Wasser. Musik ist schließlich ein ziemlich materielles physisches Phänomen (Schallwellen), das die Materie beeinflussen kann. Aber was ist mit Emotionen? Dr. Emoto versah Wasserröhren mit Etiketten, auf denen verschiedene menschliche Ideen und Emotionen geschrieben waren. Auf einigen Etiketten standen positive Dinge wie „Danke" oder „Liebe", während auf anderen negative Informationen standen, wie z. B. „Du machst mich krank" oder „Ich werde dich töten!" Im Gegensatz zu der Überzeugung, die von der modernen Wissenschaft generell vertreten wird, reagierte das Wasser auf die Aufschrift, obwohl diese Worte keine direkte Wechselwirkung auf das Wasser hatten. Das Wasser in den Röhren mit positiven Aufschriften gefror zu schönen und gleichmäßig geformten Kristallen. Das Wasser in Röhren mit negativen Aufschriften wurde zu hässlichen und formlosen Kristallen. Wenn Gedanken so etwas mit Wasser tun können, dann kannst du dir vorstellen, was Gedanken bei uns bewirken können!

Wir bestehen zu 90 % aus Wasser, was können unsere Gedanken also in uns bewirken? Mit negativen Gedanken über uns und unser Leben berauben wir uns unserer Gesundheit.

Wir unterschätzen uns, wir glauben nicht an unsere Stärke, unsere Fähigkeiten und Talente, und wir haben eine verzerrte Wahrnehmung von uns. Deshalb glauben wir nicht, dass wir das Ziel erreichen und unsere Berufung erfüllen können, obwohl wir spüren, dass wir das notwendige Potenzial haben.

Negative Gedanken über uns selbst rauben unsere Energie. Wir verbringen viel Zeit damit, uns Sorgen über unsere Defizite zu machen und uns selbst zu kritisieren. Das führt dazu, dass wir uns nicht genug auf unsere Ziele konzentrieren und nicht an unsere Bestimmung glauben können. Manchmal sind wir so bestürzt über unsere sinnlosen Sorgen, dass wir ständig von unserem Ziel abgelenkt sind. Wir können das Ziel zwar erreichen, aber es wird unglaublich viel Zeit und Mühe kosten.

Wie werden wir frei von Schuldgefühlen?

Vergangene Erfahrungen können durch Schock, Ermutigung oder Schmerz umgewandelt werden.

Man kann in einer Atmosphäre ständiger Ermutigung leben und dabei den Komplex ignorieren, so dass er verschwinden wird. Auch Schmerz ist eine Möglichkeit – du kannst nicht aus Gewohnheit so handeln, wie du in der Kindheit programmiert wurdest, und du musst dich ändern, denn sonst wirst du nicht überleben.

Bestätigungen. Das Denken kann durch das Aussprechen des Wortes Gottes in unserem Leben verändert werden, da es genügend Stärke und Energie beinhaltet, um unser Unterbewusstsein zu verändern. Das kann z. B. sein: „Ich nehme mich so an wie ich bin, ich nehme die Liebe Gottes zu mir an, meine Schöpfung ist ein Wunder."

Neue Gewohnheiten entwickeln. Du bist vielleicht unentschlossen, wenn du aber ständig einübst, schnell Entscheidungen zu treffen und dementsprechend handelst, wirst du eine neue Gewohnheit entwickeln.

Goldene Wahrheiten

1. Der Komplex namens Schuldgefühl bewirkt, dass wir uns nicht so annehmen können wie wir geschaffen wurden. Wir sehen unsere Einzigartigkeit nicht.

2. Wenn wir uns selbst nicht annehmen, versuchen wir, den Anforderungen der Gesellschaft zu entsprechen und alles zu tun, um akzeptiert zu werden. Wir stellen uns nicht die Frage „Wer bin ich?" und denken nicht über den Sinn des Lebens und unseren Auftrag nach.

Alle Energie, die wir bekommen haben, um unsere Ziele zu erreichen und uns selbst zu verwirklichen, wird stattdessen dafür investiert, uns die Akzeptanz unserer Mitmenschen zu verdienen und den Forderungen der Gesellschaft zu entsprechen – mit dem Ergebnis, dass wir unsere Ziele niemals erreichen.

Test zur Selbsteinschätzung

1. Kritisierst du dich oft selbst?

a) Ja, das tue ich oft. (0)

b) Ich kritisiere mich oft, aber mir ist bewusst, dass Kritik mir nicht hilft, meine Ziele zu erreichen, also arbeite ich an meiner Einstellung zu mir selbst. (1)

c) Ich nehme nur gesunde Kritik an, und ich gebe mich nicht der Selbstkritik hin. (2)

2. Wie reagierst du auf Komplimente?

a) Sie sind mir peinlich. (0)

b) Manchmal fällt es mir schwer, sie anzunehmen. (1)

c) Ich nehme Lob ruhig an, wenn es nicht nur Schmeicheleien sind (2)

3. Kannst du dir selbst einen Schimpfnamen geben, in deinen Gedanken, kannst du dich negativ einschätzen?

a) Ja, das tue ich oft. (0)

b) Ja, manchmal denke ich so über mich. (1)

c) Niemals. Ich respektiere mich. (2)

4. Vergleichst du dich mit anderen?

a) Ja, und zwar nicht zu meinen Gunsten. (0)

b) Ich versuche, diese Gewohnheit zu bekämpfen, aber es gelingt mir nicht immer. (1)

c) Dafür habe ich keine Zeit. (2)

5. Bist du manchmal enttäuscht von dir oder deinem Verhalten?

a) Ja, ziemlich oft sogar. (0)

b) Manchmal, aber ich versuche, gegen diese Gewohnheit anzukämpfen (1)

c) Nein, es mag etwas schiefgehen, aber ich bin niemals von meiner Persönlichkeit enttäuscht. (2)

TESTERGEBNISSE

0 – 4 Punkte: Es tut uns leid, aber du nimmst dich nicht selbst an, unterschätzt dein Potenzial und gibst dich der Selbstkritik hin. Mit einer solchen Denkweise ist es sehr schwer, deine Ziele zu erreichen und deine Berufung zu erfüllen. Dein Denken raubt dir zu viel Zeit und Energie. Wir raten dir, die praktischen Aufgaben dieses Kapitels auszuführen, und wir hoffen, dass du dich selbst besiegen wirst.

5 – 9 Punkte: Manchmal hast du das Gefühl, dass dich dieser Komplex beeinflusst. Du erkennst, wenn negative Selbstkritik und ein niedriges Selbstwertgefühl auftreten und du arbeitest an deiner Denkweise. Du musst diesem Komplex ein Ende setzen, denn ein solches Denken führt in die Niederlage und macht es dir viel schwerer, deine Ziele zu erreichen. Arbeite daran und der Sieg wird dir gehören!

10 – 12 Punkte: Wir freuen uns für dich! Du bist für Schuldgefühle nicht anfällig, du hast ein angemessenes Selbstbewusstsein, und du setzt deine ganze Energie dafür ein, die Ziele, die du dir gesetzt hast, zu erreichen. Also wirst du auch Erfolg haben.

Praktische Aufgaben

1. **Wenn du erkannt hast, dass du unter diesem Komplex leidest, musst du deine Denkweise ändern.** Um das tun zu können, überlege dir bekräftigende Aussagen, die dein Denken verändern.

2. **Diese bekräftigenden Aussagen solltest du 21 Tage lang aussprechen, damit dein Denken verändert werden kann.** Das kann z. B. sein „Ich nehme mich so an wie ich bin. Ich bin als einzigartige Persönlichkeit geschaffen" usw.

3. **Überlege dir 21 Tage lang bewusst neue Verhaltensmuster, um ständig vor Augen zu haben, wie du gerne sein möchtest.**

Kapitel 12

Der Opferkomplex

DER OPFERKOMPLEX

Emma wuchs in einer Familie auf, die von der Mutter dominiert wurde. Sie hatte eine strenge und autoritäre Mutter und einen sanften und willensschwachen Vater, der Trinker war. Ihre Mutter dominierte alle anderen und entschied über deren Leben, auch das von ihrem Mann, Emma und ihrem Bruder. Als die Zeit kam, dass Emma nach einer guten Universität schauen musste, war gar nicht daran zu denken, dass Emma darüber selbst entscheiden konnte. Emma lernte nicht, eigenverantwortlich Probleme zu lösen, sie war es gewöhnt, dass ihre Mutter alle Entscheidungen traf, die für ihr Leben wichtig waren. Sie war einfach unfähig, ihr Leben selbstständig zu gestalten. Darüber hinaus tat sich Emma selbst leid, wenn sie sich von ihrer Mutter ungerecht behandelt fühlte. All diese emotionalen Erfahrungen und Bekümmernisse wurden zu ihren Begleitern im Leben, ganz zu schweigen von dem Gefühl der Unzufriedenheit, weil sie merkte, dass sie ihr Potenzial nicht entfalten konnte und im Leben keine Erfüllung fand. Emma war nicht in der Lage zu denken, Schlussfolgerungen zu treffen, das Verhalten ihrer Mitmenschen zu analysieren und ihre Schwächen zu bekämpfen. Sie bevorzugte es, ihr Verhalten zu rechtfertigen. So wurde sie zu einem typischen Fall für die Opferrolle, und dieser Opferkomplex verhinderte, dass sie sich selbst verwirklichen konnte.

Ein Mensch mit einem Opferkomplex zieht Menschen an, die ihn beherrschen, und die entscheiden, wie er leben soll, so wie in Emmas Fall ihre Mutter alle möglichen Entscheidungen für sie traf. Wie kann ein Mensch mit einer solchen Mentalität zu sich selbst finden, seinen Auftrag im Leben herausfinden und seiner Bestimmung nachgehen? Solche Menschen sehen Handlungen wie z. B. Entscheidungen zu treffen, sich Ziele zu setzen und sie zu erreichen nur als erhebliche Hindernisse an. Es ist für diese Menschen einfacher, nur in der Rolle des Ausführenden zu sein und keine ernsthaften Entscheidungen zu treffen, sondern andere für sich denken zu lassen und deren Befehlen zu gehorchen. Sie sind es nicht gewohnt, eigenständig zu denken und überhaupt zu denken.

Ein Mensch mit einem Opferkomplex fühlt sich ständig als Opfer, klagt und weint ständig. Emma geriet durch ihr ständiges Klagen in weitere Situationen, wo sie gezwungen war, das Opfer zu spielen. Sie hatte nie gelernt, Beziehungen aufzubauen, die für beide Seiten vorteilhaft waren. Es fiel ihr sehr schwer „nein" zu sagen, und sie machte die Arbeit der anderen über jegliches vernünftige Maß hinaus. Dann fühlte sie sich ausgenutzt von anderen, obwohl sie sich freiwillig bereit erklärt hatte, für sie zu arbeiten. Zu guter Letzt, endeten all ihre Beziehungen in emotionalem Stress, Streit und Beschuldigungen, an Arbeitgebern, Freunden und Kollegen, ohne dass sie den Kern ihres Problems hinterfragte. Alles endete in Anklage und Beschuldigung.

Das ist das Hauptproblem eines Menschen mit einem Opferkomplex. Er ist nicht in der Lage, über sein Leben nachzudenken und kann demzufolge seine Ziele nicht effektiv erreichen. Menschen mit einer solchen Mentalität sehen oft keinen Sinn in ihrem Leben, weil sie nicht wissen, wie sie diesen finden können, es sei denn ein anderer plant ihre Zukunft für sie. Opfer beklagen sich ständig und widersprechen. Sie verwenden ihre Energie nicht darauf, ihr Ziel zu erreichen, sondern verschwenden sie mit Klagen. Ein Mensch mit diesem Komplex gewöhnt sich daran, dass ein anderer für ihn denkt. Er wartet darauf, dass ein anderer Entscheidungen für ihn trifft. Er ist nicht in der Lage, selbst Entscheidungen zu treffen und braucht ständig den Rat und die Vorgaben anderer. Ein Mensch sollte lernen, selbstständig Entscheidungen zu treffen, um seine Ziele effektiv erreichen zu können.

Heute ist Emma 40 und hat noch immer nicht gelernt, ihr eigenes Leben zu gestalten. Sie wartet auf den Rat ihrer Freunde und zieht Situationen an, in denen sie als Opfer erscheint.

Trotz ihres Potenzials ist es sehr schwer für sie, sich im Leben zu verwirklichen und Ziele effektiv zu erreichen.

In der Regel ist es so, dass sich Kinder strenger und dominanter Eltern mit autoritären Erziehungsmethoden einen Opferkomplex zuziehen. Die Kinder sind es gewohnt, dass ihr Schicksal von den mächtigen Eltern abhängt, die alles in ihrem Leben entscheiden. Sie glauben, dass das Leben außerhalb ihrer Macht liegt, genauso wie ein Kind erwartet, dass jemand anders über sein Schicksal entscheidet.

Ein Kind wird schlecht behandelt, seine Sichtweise wird nicht respektiert. Es ist ein Mensch, auf den niemals Rücksicht genommen wird. Dieses Kind gewöhnt sich daran, dass es unbedeutend ist, woraus es den Schluss ziehen kann, dass es ein Opfer ist.

Ein Mensch mit einem Opferkomplex hat Angst, das Wort „nein" zu hören und abgelehnt zu werden. Das bedeutet, ausgestoßen zu sein. Deshalb hat ein Mensch Angst, um etwas zu bitten, er hat Angst, abgelehnt zu werden.

In Gesprächen beginnt ein Mensch mit einem Opferkomplex, über Menschen zu klagen, die sein Leben zerstört haben, über mangelnde Mittel zum Lebenshalt oder schlechte Gesundheit. Andere Menschen verlieren die Lust, sich mit diesem Menschen zu unterhalten. Ein „Opfer" ist engstirnig. Er geht Probleme im Leben z.B. so an: „Ich kann es mir nicht leisten.", aber „ich muss". Wenn das „Opfer" am Freitagabend am Schreibtisch sitzt, denkt es ganz niedergeschlagen: „Ich muss diese Arbeit so schnell wie möglich fertigstellen, aber ich habe viel zu wenig Zeit dazu. Also sollte ich sie nochmal mit nach Hause nehmen."

Der Manager am Nebentisch schafft dasselbe Arbeitspensum, während er versucht, sich darauf zu konzentrieren und all seine Energien dahin zu lenken, die gesetzten Ziele zu erreichen. Er wird nicht von sinnlosen belastenden Gedanken unterbrochen, und allein deshalb kann er mehr leisten. Er wird schneller fertig und die Arbeit deshalb nicht mit nach Hause nehmen. Die negative Denkweise, die auf ständigen Klagen, Belastungen und Unzufriedenheit beruht raubt unsere Energie. Dadurch arbeitet ein Mensch langsamer und ist geneigt, seine Arbeit mit nach Hause zu nehmen.

Warum ist der Opferkomplex so gefährlich?

1. Menschen, die diesen Komplex haben, sind es gewohnt, dass alle Entscheidungen von ihren Eltern getroffen werden und später von ihren Ehepartnern, Arbeitgebern und Freunden anstatt eigene Entscheidungen zu treffen und dementsprechend zu leben.

2. Menschen, die diesen Komplex haben, ziehen im Leben dominante und autoritäre Menschen an.

3. Menschen mit diesem Komplex sind nicht fähig, sich auf sich selbst zu verlassen, wenn Probleme zu lösen sind. Sie neigen dazu, auf einen Erlöser zu warten.

4. Menschen, die diesen Komplex haben, ziehen im Leben Menschen an, die sie die ganze Zeit hänseln, dabei könnten sie Beziehungen leben, die für beide Seiten von Nutzen sind.

Wie kann sich das Verhalten eines Menschen mit einem Opferkomplex ändern?

1. Höre auf, dir immer wieder zu sagen „Ich bin ein Opfer".
2. Beginne, eigene Entscheidungen zu treffen, und gebrauche deinen eigenen Verstand.
3. Übernimm die Verantwortung für dein Leben und verlasse dich nur auf dich selbst.
4. Finde den Sinn deines Lebens und dein Ziel heraus, und entwickle einen Plan, um dein Ziel zu erreichen.
5. Du solltest über deine Begrenzungen hinausgehen, denn ein engstirniger Mensch hat ein eingeschränktes Denken, wie z. B. „Ich kann nicht, aber ich muss".
6. Du solltest herausfinden, wie du dich auf dich selbst verlassen und selbstständig denken kannst und niemals auf einen Erlöser warten.

Höre also auf, negativ zu denken und verwirkliche dein Potenzial. Beantworte die Fragen „Wer bin ich? Wohin gehe ich?" Erarbeite dir einen Plan, um dein Ziel zu erreichen und gehe voran, um etwas zu erreichen und Erfüllung zu finden.

SCHLUSSFOLGERUNGEN

1. Wie wir sehen können, schafft dieser Komplex Hindernisse auf dem Weg, unsere Identität zu finden, weil wir es nicht alleine schaffen, ohne die Hilfe von Freunden, dem Ehepartner oder der Eltern. Wir müssen die Frage „Wer bin ich?" alleine beantworten.

2. Ein Mensch mit einem Opferkomplex ist unfähig, sein Ziel zu erreichen ohne die Hilfe, die Ratschläge oder Anweisungen anderer.

3. Ein Mensch mit einem Opferkomplex verliert seine Energie durch ständiges Klagen und sich beschweren.

4. Ein Mensch mit einem Opferkomplex ist unfähig, sich Ziele zu setzten und diese selbstständig zu erreichen.

Goldene Wahrheiten

1. Menschen, die einen Opferkomplex haben, können nicht selbstständig Entscheidungen treffen. Sie erwarten, dass ihre Eltern – später ihre Ehepartner, Arbeitgeber oder Freunde – alles für sie entscheiden.

2. Menschen, die sich zum Opfer machen, ziehen dominante und autoritäre Persönlichkeiten in ihrem Leben an.

3. Menschen, die einen Opferkomplex haben, sind nicht in der Lage, selbstständig mit Problemen umzugehen. Sie neigen dazu, auf einen Erlöser zu warten.

4. Menschen, die einen Opferkomplex haben, fordern es heraus, gehänselt zu werden, obwohl sie Beziehungen führen könnten, die von beiden Seiten von Nutzen sind.

5. Menschen mit einem Opferkomplex sind unfähig, ohne die Hilfe, den Rat und die Anweisungen anderer ihre Ziele zu erreichen.

6. Menschen mit einem Opferkomplex verlieren ihre Energie durch ständiges Klagen und sich beschweren, und sie können ihre Lebensziele nicht erreichen.

7. Menschen mit einem Opferkomplex sind unfähig, sich Ziele zu setzen und diese zu erreichen.

Test zur Selbsteinschätzung

1. Hast du Schwierigkeiten damit, alleine Entscheidungen zu treffen?

a) Ich treffe praktisch keine Entscheidungen alleine. Ich brauche Rat und Anweisung. (0)

b) Ich arbeite daran, alleine Entscheidungen zu treffen. (1)

c) Ich treffe leicht eigene Entscheidungen und setze sie um. (2)

2. Beklagst du dich oft über das Leben und über Ungerechtigkeit?

a) Ja, weil mich Menschen sehr oft ungerecht behandeln. (0)

b) Ja, ich beklage mich über Ungerechtigkeit, aber versuche, das weniger zu tun. (1)

c) Mit Klagen erreicht man nichts, also verschwende ich meine Zeit nicht damit. (2)

3. Brauchst du die Hilfe eines anderen, wenn du eine Krise im Leben hast?

a) Auf jeden Fall. Ich habe Schwierigkeiten, mit Hindernissen umzugehen, wenn ich keine Hilfe von außen bekomme. (0)

b) Ich arbeite daran, ohne Hilfe von außen mit Problemen umzugehen. (1)

c) Ich brauche keine Hilfe von außen, wenn es darum geht, Hindernisse zu überwinden. (2)

4. Begegnest du oft Menschen, die deine Persönlichkeit manipulieren und für dich Entscheidungen treffen?

a) Ich bin von solchen Menschen umgeben. (0)

b) Ja, aber ich versuche, so mit ihnen umgehen, dass es für beide Seiten von Nutzen ist. (1)

c)Ich bestimme mein Leben alleine. (2)

TESTERGEBNISSE

0 – 4 Punkte: Es tut uns leid, aber du hast einen solchen Komplex. Du hast große Schwierigkeiten, selbst Entscheidungen zu treffen. Du benötigst immer Rat und Anweisung von anderen. Du kannst dein Ziel nicht erreichen, weil du ständig unzufrieden bist und dich beklagst, und diese Dinge dir die Energie rauben, die du dafür einsetzen solltest, Probleme zu lösen.

Du bist es nicht gewohnt, selbstständig zu denken. Es ist eine komplexe Aufgabe, sich mit einer solchen Mentalität Ziele zu setzen, diese zu erreichen und seine Bestimmung zu leben.

5 – 9 Punkte: Manchmal hast du das Gefühl, dass dieser Komplex dich beeinflusst. Du kannst auch schon mal den Wunsch haben, dich über die Ungerechtigkeit der ganzen Welt zu beklagen, aber du kämpfst dagegen an. Du lernst, eigene Entscheidungen zu treffen und dir Ziele zu setzen. Also bist du auf dem Weg zum Erfolg.

9 – 12 Punkte: Wir freuen uns für dich! Du bist nicht anfällig für diesen negativen Komplex, und du setzt deine ganze Energie dafür ein, deine Ziele zu erreichen.

Praktische Aufgaben

Versuche, 21 Tage lang selbstständig Entscheidungen zu treffen. Tu dies schnell, auch dann, wenn sie sich später als falsch herausstellen. Es sollte sich nicht um Entscheidungen von globaler Bedeutung handeln. Sie könnten die Auswahl von Essen und Kleidung betreffen o. ä.

Mache es dir zur Regel, nicht mehr als fünf Sekunden für solche Entscheidungen zu benötigen.

Kapitel 13

Versagensängste

VERSAGENSÄNGSTE

Warum wird Angst als negativer Komplex gesehen?

Es gibt zwei Arten von Angst: Natürliche Angst, die als Schutzfunktion dient und erworbene Angst.

Wir wollen uns zwei bedeutende Ängste anschauen, die uns daran hindern, unser Potenzial zu entfalten: Die Versagensangst und die Angst vor Kritik und Ablehnung.

In der Kindheit spüren wir Versagensangst, wenn wir dafür bestraft werden, etwas Neues und Unbekanntes getan zu haben. Wir werden getadelt und bestraft, wenn wir versuchen, so etwas zu tun. „Höre auf damit, warum hast du das getan?"

Versagensangst ist eine der Hauptängste, die ein Hindernis auf dem Weg zu Selbstverwirklichung und dem Erreichen von Zielen darstellt. Diese Furcht hängt eng damit zusammen, dass wir Angst haben, in irgendeinem Lebensbereich, wie Karriere, Arbeit, Bildung oder dem Privatleben zu versagen.

„Der Gedanke, dass die eigenen Bemühungen zu keinem Ergebnis führen, beherrscht eine Persönlichkeit und zwingt sie, auch bei den kleinsten Versuchen aufzugeben." Das behauptete David Burns, ein amerikanischer Psychotherapeut.

Bei den Forschungsarbeiten eines bekannten Psychologen und Professors der Harvard Universität, David McCelland, stellte sich heraus, dass die Versagensangst durch Unentschlossenheit, falsche Zielsetzung und dem Streben, nicht schlechter als andere zu sein, zum Ausdruck kommt.

Menschen mit starker Versagensangst neigen dazu, ihre Arbeit nur dann gut und koordiniert zu machen, wenn ihre Aufgaben nur einfache Fertigkeiten erfordern. Wenn sie aber mit komplizierteren Aufgaben oder Problemen konfrontiert werden, verliert ihre Arbeit an Qualität. Bei Menschen mit der Motivation zum Erfolg dagegen verbessert sie sich in diesem Fall. Versagensangst drückt sich in negativer Zielsetzung, Unentschlossenheit und der Angst vor negativen Konsequenzen aus.

Du wirst große Schwierigkeiten haben, Ziele zu erreichen, wenn du unentschlossen bist und Angst hast, etwas falsch zu machen. Dieser Komplex raubt unsere Energie durch Zweifel, Belastungen und der Angst vor den Konsequenzen falscher Entscheidungen. Wir haben das Gefühl, es sei besser, es gar nicht erst zu versuchen – es also besser nicht zu versuchen, die gesetzten Ziele zu erreichen als eine Niederlage zu erleben.

Versagensangst verhindert, dass wir unsere Identität finden, denn wenn wir uns aus der Perspektive unseres Schöpfers sehen würden, dann würden wir verstehen, dass Furcht keine spezifische Eigenschaft eines Menschen ist. Wir wurden furchtlos erschaffen, damit wir unsere Ziele effektiver erreichen können.

Der wichtigste Grund für die Versagensangst liegt darin, dass sich Menschen nicht bewusst sind, welchen Einfluss das Pech auf ihren Erfolg hat. Die Regel lautet folgendermaßen: Du musst verlieren um zu gewinnen. Pech ist nicht mehr als die Voraussetzung für den Erfolg. Der größte Erfolg kann sehr oft die größte Niederlage sein. Erfolg ist ein Spiel im großen Rahmen. Die Anzahl an Versuchen steht im direkten Zusammenhang zur Wahrscheinlichkeit, Erfolg zu haben.

Wie äußert sich die Versagensangst?

Ein Mensch hat ein unbestimmtes Gedankengebäude im Kopf, das ihn kleiner macht, einschränkt und daran hindert, seine besten Möglichkeiten zu nutzen und sein Potenzial zu entfalten. Es zwingt ihn dazu, leidenschaftslos zu leben, so dass sein Leben grau und von täglicher Routine geprägt ist.

Diese Denkweise verzerrt unsere Selbstwahrnehmung und hindert uns daran, unsere Bestimmung zu erfüllen. Sie stiehlt unsere Energie, die wir freisetzen sollten, um unsere Ziele zu erreichen.

Der Hauptgrund für das belastende Gefühl der Furcht ist ein niedriges Selbstwertgefühl. Wir schätzen uns schlechter ein als wir wirklich sind. Dieser mächtige Mangel an Selbstbewusstsein führt zu einer Denkweise, die uns daran hindert, weiterzukommen, unser Leben zu verbessern und neue Ziele zu erreichen. So wird unsere Seele und unsere ganze Identität verzerrt.

Versager schieben Entscheidungen oft auf die lange Bank, weil sie Angst haben zu versagen. Sie merken nicht, dass ein glückliches Leben dadurch in immer weitere Ferne rückt. Erfolgreiche Menschen haben keine Angst, alles aufs Spiel zu setzen, sie treffen in jeder Minute Entscheidungen.

Eine Entscheidung setzt Energie in uns frei und gibt uns neue Kraft. Wenn wir eine Entscheidung treffen, zapfen wir eine in unserem Inneren versteckte Energiereserve an. Wenn du dich mit Hilfe deines gesunden Menschenverstandes für etwas entscheidest oder deine Schlüsse ziehst, dann entfacht das einen Strom an Kraft und Energie in dir. Dein Gehirn löst einen Alarm aus, dass sich dein ganzer Körper aufrichtet und beginnt, alles zu tun, was für die Entscheidung notwendig ist. Dein Gehirn inspiriert deinen ganzen Körper, dies umzusetzen. Du hast Angst, Entscheidungen zu treffen, und es fehlt dir an Willenskraft, nur deshalb bist du im Leben nicht an dem Platz, an dem du sein solltest. Deine unnötige Vorsicht hält dich davon ab, Erfolg zu haben und schnell zu handeln.

Die Angst vor dem Versagen stiehlt also unsere Energie, die wir eigentlich einsetzen sollten, um unsere Ziele zu erreichen. Sie verzerrt unser wahres Ich, und wir werden getäuscht, wenn wir die Frage „Wer bin ich?" beantworten.

Die Angst vor Versagen hindert uns daran, Entscheidungen zu treffen, wenn Probleme auftreten. Wir sind nicht aktiv genug, weshalb wir Gelegenheiten verpassen.

Wir verlieren die Energie, die unser Organismus uns zur Verfügung stellt, um unsere Ziele zu erreichen, weil wir belastet sind und Angst haben zu versagen. Und natürlich können wir unsere Ziele dann nicht erreichen.

Wie wird man frei von der Versagensangst?

1. Wenn man der Angst ins Gesicht schaut, dann erlebt man, wie sie immer kleiner und schwächer wird. Sie verliert die Kontrolle über unsere Emotionen. Wenn du aber ihrem Druck nachgibst, dann wird sie sich ausbreiten und deine Gefühle und Gedanken beherrschen.

2. Du solltest deine Angst in kleine Portionen einteilen. Wir haben z. B. Angst, ausgestoßen und nicht länger von anderen unterstützt zu werden, und nennen diese Angst Furcht vor Kritik. Unser Wunsch, auf unser Ziel zuzugehen und dieses zu erreichen, hat aber mehr Macht als die Angst vor Kritik. Auf diese Weise können wir sie überwinden.

Wir alle sind in der Lage, unsere Angst zu überwinden, und das müssen wir auch tun.

Es gibt ein paar besondere Methoden, um Angst zu überwinden.

3. Du solltest ständig daran arbeiten, dein Selbstbewusstsein zu verbessern. Diese Methode basiert auf dem Prinzip, dass Menschen mit einem größeren Selbstbewusstsein leichter mit Ängsten umgehen können. Das Interessante ist, dass es keine Rolle spielt, ob das Selbstbewusstsein angemessen ist oder nicht.

4. Glaube. Der Glaube an eine höhere Macht, Gott, einen Schutzengel, das Universum, gibt uns das Gefühl, vor Ängsten geschützt zu sein. Wenn du daran glaubst, dass an dich gedacht und auf dich aufgepasst wird, hilft dir das, in deinem Kampf gegen die Angst zu bestehen.

5. Liebe. Vielleicht kennt ein jeder von euch Situationen, wo Mütter unglaubliche Dinge vollbracht haben, um das Leben ihrer Kinder zu retten, und Männer die schrecklichsten Ängste überwanden, um den Frauen zu helfen, die sie liebten.

Es ist wichtig zu bedenken, dass alle positiven Emotionen dabei helfen, Angst zu überwinden, während negative Gedanken den Mut eines Menschen nur einschränken.

Wenn wir auch den Ausdruck „Angst bekämpfen" benutzt haben, so ist das nicht ganz richtig. Ein Mensch kann nicht gegen die Angst kämpfen, weil es ein ungleicher Kampf ist. Angst wird von der Energie des Kämpfens genährt und wird unbesiegbar. Weiche ihr nicht aus, gestehe dir und der Angst ein, dass du sie fürchtest. Du wirst dadurch an Stärke gewinnen, und deine Angst wird schwächer werden.

Sich die Angst einzugestehen bedeutet nicht, seine Schwäche zu zeigen. Mut ist nicht, die Angst zu leugnen, sondern die Fähigkeit zu handeln und dabei der Angst zu trotzen. Wenn du einmal begonnen hast, sie zu überwinden, überstehst du negative Emotionen. Das bedeutet, dass du zulässt, dass dir die Angst die

Stärke nimmt. Gib zu, dass du deine Angst fürchtest und lenke deine Aufmerksamkeit auf etwas anderes. Die Angst zu ignorieren bedeutet, sie zu zerstören.

Kapitel 14

Angst vor Kritik

ANGST VOR KRITIK

Die Angst vor Kritik ist eine Angst vor Ablehnung, eine Angst kritisiert zu werden. Sie ist der zweite Grund, warum sich Menschen keine Ziele setzen. Seit unserer Kindheit erleiden unsere Träume und Hoffnungen Schläge durch Kritik und Hänseleien anderer. Es kann sein, dass unsere Eltern nicht wollten, dass wir unsere kühnsten Träume hegen und dann enttäuscht werden. Daher zeigten sie uns schnell Gründe auf, warum wir diese Träume nicht verwirklichen können. Es ist wissenschaftlich erwiesen, dass die Angst vor Kritik und öffentlicher Meinung einen Menschen so massiv belastet, dass die Erschöpfung nicht auf physische Ermüdung zurückzuführen ist, sondern weil man von morgens bis abends Folgendes zu erreichen versucht:

- Es jedem rechtmachen zu wollen
- Gut auszusehen
- Sich korrekt zu verhalten
- Sich der öffentlichen Meinung anzupassen.

Das führt zu kontinuierlicher Belastung, und was daraus folgt ist Stress und Erschöpfung. Denke einmal darüber nach, wie viele deiner Bemühungen dazu dienen, dich anderen Menschen anzupassen.

Aufgrund dieses Komplexes, weil wir Angst haben, dass unsere Aktivitäten, unsere Arbeit, unser Produkt kritisiert werden könnte, können wir aufgeben und unsere Ziele nie erreichen. Die Angst vor Kritik raubt die Energie, die wir brauchen, um unsere Ziele zu erreichen. Wenn wir kritisiert werden, dann ärgern wir uns schnell und unterschätzen uns, anstatt die Dinge, für die wir kritisiert werden, in Ordnung zu bringen. Die Angst vor Kritik verzerrt unsere Selbstwahrnehmung und führt zu einem niedrigen Selbstwertgefühl. Es fällt uns schwer, die Frage „Wer bin ich?"

richtig zu beantworten, weil wir nicht unsere guten Seiten sehen und uns oft mit anderen vergleichen – nicht zu unseren Gunsten.

Um Kritik annehmen zu können, brauchen wir Stärke. „Kritik ist Gift für die Schwachen und Medizin für die Starken."

Unsere Feinde und Freunde lachten uns aus, als wir uns vorstellten, jemand zu sein oder etwas zu tun, das ihre eigene Selbstwahrnehmung übertraf.

Diese Komplexe geraten mit unserer Zielsetzung aneinander. Ihr Einfluss kann unsere Einstellung zu uns selbst und unsere Zielsetzung für viele Jahre prägen.

Wie schränken diese Ängste unser Potenzial ein?

Wir gründen ein Geschäft und unsere Kalkulationen legen nahe, dass wir Profit machen werden, aber der Komplex der Versagensangst hält uns davon ab, eine günstige Entscheidung für unser Leben zu treffen. Wir weigern uns, dieses Projekt auszuführen, weil wir Angst haben, dass unser Geschäft scheitern könnte.

Die Angst vor Kritik: Wir hören auf zu träumen, Ideen zu haben, positiv zu denken, aber Träume führen uns zu Taten, Errungenschaften, sie sorgen dafür, dass wir uns Ziele setzen und diese erreichen. Deine einzigartige Gabe wird am Anfang nur in deinen Träumen existieren. Träume sind extrem wichtig, um unsere Ziele zu erreichen.

Wir träumen und leben diese Träume dann aus, so ist es im Universum vorgesehen. Wenn wir aufhören zu träumen, dann können wir nichts in die Praxis umsetzen, wir haben keine positiven Ideen und das Leben wird grau und alltäglich. Das führt dazu, dass wir uns keine Ziele setzen und unsere Träume nicht ausleben können.

Wenn wir anerkennen, dass Fehler ein Bestandteil des Trainings sind, kann ein Mensch diesen Teufelskreis durchbrechen. Der große Edison hatte 10.000 mal eine Niederlage erlebt bevor er die Glühbirne zum Leuchten brachte. Verzweifle nicht und gib nicht auf, wenn du einmal oder zweimal versagst bevor deine Pläne zu funktionieren beginnen!

Die positiven Auswirkungen von Kritik:

1. Kritik lehrt uns, Emotionen zu beherrschen. Du kommst in der Gesellschaft nicht zurecht, wenn du nicht gelernt hast, deine Emotionen zu beherrschen und in korrekter Weise zu zeigen. Du musst diese Fertigkeit trainieren.

2. Sie zwingt uns dazu, Vernunft und Logik einzusetzen. Beispiel: Jemand wird beschuldigt, versprochen zu haben, um 10 Uhr zu kommen, ist aber nicht pünktlich. Es mag gute Gründe geben, warum er es nicht geschafft hat, aber statt emotional zu reagieren, sollte er in der Lage sein, sich zu beruhigen und zu erklären, was geschehen ist. Aufgrund der Kritik müssen wir unser Gehirn einsetzen, um logische Argumente hervorzubringen – und ohne Emotionen Fakten zu präsentieren.

3. Sie zeigt die Leichen, die im Keller liegen. Für viele von uns gibt es Lebensbereiche, auf die wir lieber ein blindes Auge richten oder von denen wir nichts weiter wissen wollen. Und wenn ein kluger Mensch ein Geheimnis lüftet, dann hilft es einem ehrlichen und aufrichtigen Menschen, mit der Arbeit an sich selbst zu beginnen. Wenn ein Mensch beleidigt ist, dann heißt das, dass er keinen Frieden mit sich und anderen hat.

4. Sie hilft, emotional stabil zu werden. Wenn ein Mensch es schafft, die Fassung zu wahren, wenn er kritisiert, gerügt oder korrigiert wird, wird ihm das auch in anderen Lebensbereichen helfen. Aufrichtigkeit, Selbstkontrolle, die eigenen Emotionen beherrschen - diese Charakterzüge sind überall nützlich, zu Hause und am Arbeitsplatz. Wenn ein Mensch aber nicht mit Kritik umgehen kann, wird sein Leben im Chaos enden, einfach nur weil er nicht gelernt hat, sich zu beherrschen.

5. Löse dich von falschen Klischees. Beispiel 1: Ein Kind glaubt, wenn seine Eltern es bestrafen, bedeutet das, dass sie es nicht lieben. Beispiel 2: Viele Eltern glauben, dass Kinder verwöhnt werden müssen und vergessen dabei, dass dies zu Problemen führt. Kritik kann helfen, sich von diesen Klischees zu lösen.

6. Sie hilft, nüchtern zu werden und sich angemessen zu verhalten. Wenn Menschen Kritik negativ wahrnehmen oder sie sogar gar nicht annehmen können, dann zeigt das, dass sie ziemlich verwöhnt sind. Verwöhnt sein führt zu einer falschen unrealistischen Selbstwahrnehmung – eine übertriebene oder unwahre Sicht auf sich selbst. Kritik kann einen Menschen wie nichts anderes dazu bringen, sich mit der Realität zu konfrontieren. Das kann ihn stärker und ganzheitlicher machen.

7. Sie hilft, weniger streng zu sein, was bedeutet:

- Anderen Menschen das Recht zu geben, Fehler zu machen;
- Andere Meinungen gelten zu lassen
- Menschen so zu behandeln, dass man zunächst einmal von ihrer Unschuld ausgeht

Manche Menschen haben eine solche Einstellung: „Es gibt nur zwei Meinungen. Meine Meinung und die falsche Meinung." Kritik hilft zu erkennen, dass dies ein Irrtum sein könnte.

8. Die Fähigkeit zur Demut verringert den Stress. Es ist wissenschaftlich erwiesen, dass die Fähigkeit, Unzulänglichkeiten anderer zu akzeptieren Stress und Spannung vermindert und Glücksgefühle, Frieden, Ausgeglichenheit, Freude und Zufriedenheit erzeugt. Stress ist ein starkes Empfinden der Differenz zwischen dem Ersehnten und der Wirklichkeit, zwischen dem was man gern wäre und was man wirklich ist.

9. Die Angst vor Kritik und die Angst vor Versagen sind einige der größten Hindernisse auf unserem Weg zum Ziel. Diese Komplexe verhindern, dass wir uns angemessen einschätzen, sie verzerren unsere Realität, weshalb wir uns selbst nicht so wahrnehmen wie wir geschaffen wurden – talentiert, geistreich, mutig, ausdauernd, kreativ und aktiv.

10. Sie stehlen die Energie, die unser Körper freisetzt, damit wir unsere Ziele erreichen können und verbrauchen sie für Gefühle wie „Ich werde keinen Erfolg haben, ich habe kein Talent, Menschen werden falsch von mir denken, sie werden mich schlecht behandeln…." usw. Und für uns ist es sehr wichtig, von diesen Komplexen frei zu werden.

Goldene Wahrheiten

1. Die Angst vor Kritik stiehlt uns die Energie, die wir einsetzen sollten, um unsere Ziele zu erreichen.

2. Die Angst vor Kritik verzerrt die richtige Selbstwahrnehmung und führt zu niedrigem Selbstwertgefühl. Wir finden es schwierig, die Frage „Wer bin ich?" zu beantworten, weil wir keine Tugenden in uns selbst sehen und uns oft mit anderen vergleichen, aber nicht zu unseren Gunsten.

3. Die Angst vor Kritik stiehlt uns die Energie, die wir dafür einsetzen sollten, um unsere Ziele zu erreichen. Sie verzerrt unsere Identität, wir können die Frage „Wer bin ich?" nicht mehr korrekt beantworten.

4. Die Angst vor Versagen verhindert, dass wir schnell Entscheidungen treffen. Wir sind nicht aktiv, weshalb Gelegenheiten ungenutzt an uns vorübergehen.

5. Weil wir das Gefühl haben, wir könnten versagen, verlieren wir die Energie, die dafür bestimmt ist, dass wir unsere Ziele erreichen. Das hat zur Folge, dass wir unsere Aufgaben nicht effektiv vollenden können.

Test zur Selbsteinschätzung

1. Hast du Angst vor Verantwortung?

a) Ich übernehme nicht gern Verantwortung. (0)

b) Ich versuche, gegen meine eigene Angst anzukämpfen. (1)

c) Ich habe keine Angst vor Verantwortung. (2)

2. Findest du es schwer zu entscheiden, ob du eine neue Aufgabe übernehmen oder deinen derzeitigen Job gegen einen anderen eintauschen sollst, der vielversprechender ist?

a) Ja, genauso geht es mir. (0)

b) Ich arbeite an mir, um meine Angst zu bekämpfen. (1)

c) Ich bin offen für Veränderungen. Ich mag neue Dinge. (2)

3. Machst du dir Sorgen, dass bei deinen Bemühungen nichts herauskommen könnte?

a) Ja, oft. (0)

b) Ich versuche, mein Denken zu verändern. (1)

c) Ich mache mir keine Sorgen, sondern handle lieber. (2)

4. Wenn deine Arbeit von den meisten der dir nahe stehenden Menschen kritisiert worden ist, wirst du weiterhin auf dein Ziel zugehen?

a) Das kann ich nicht. Ich brauche die Unterstützung von anderen. (0)

b) Es macht mir Schwierigkeiten, aber ich werde weitermachen. (1)

c) Kritik wird mich nicht aufhalten. (2)

5. Versuchst du, die Erwartungen, die die Gesellschaft an dich hat, zu erfüllen?

a) Ja, ich versuche, mich nicht von der Masse abzuheben. (0)

b) Ich habe meine eigene Meinung, aber es fällt mir schwer, sie auszudrücken. (1)

c) Ich mache mir keine Mühe, den Erwartungen der anderen zu entsprechen. (2)

6. Findest du es schwer, deine Meinung laut kundzutun?

a) Ja, ich finde es leichter, zu schweigen. (0)

b) Es ist schwierig, aber ich arbeite daran. (1)

c) Nein, das fällt mir nicht schwer. (2)

TESTERGEBNISSE

0 – 4 Punkte: Es tut uns leid, aber du hast genau diesen Komplex. Es fällt dir schwer, unabhängig Entscheidungen zu treffen, um etwas Neues zu beginnen, wie z.B. ein Geschäft zu gründen. Du hältst lieber an deiner aktuellen Arbeit fest als nach einer besseren Position zu schauen. Du brauchst für dein Handeln immer die Zustimmung anderer. Mit dieser Denkweise ist es sehr schwierig, deine Ziele zu erreichen und deinen Auftrag zu erfüllen.

5 – 9 Punkte: Du spürst manchmal, wie dieser Komplex dich beeinflusst. Du magst dich sorgen, wenn du etwas Neues beginnst, aber du versuchst, diese Gefühle zu überwinden und konstruktiv zu denken. Es fällt dir schwer, deine Meinung auszudrücken, aber du hast eine, und unter Druck hast du den Mut, sie auszudrücken. Du kämpfst gegen deine Ängste an, und du gehst auf deinen Sieg zu.

9 – 12 Punkte: Wir freuen uns für dich! Du bist von diesem negativen Komplex nicht betroffen und all deine Energie wird dafür eingesetzt, deine Ziele zu erreichen.

Kapitel 15

Ablehnung

ABLEHNUNG

Die Angst vor Ablehnung wird als der bedeutendste Komplex betrachtet, der verhindert, dass ein Mensch seine Persönlichkeit erfolgreich entfalten kann, denn die Angst vor Ablehnung hindert ihn daran, gesunde und für beide Seiten vorteilhafte Beziehungen in der Gesellschaft aufzubauen, ohne die kein erfolgreiches Geschäft, Karriere, Ausbildung, Arbeit oder Privatleben möglich ist. Die Angst vor der Ablehnung beinhaltet:

• Vermeidung beruflicher Tätigkeiten, die bedeutenden zwischenmenschlichen Kontakt erfordern, wegen der Angst vor Kritik, Verurteilung oder Ablehnung.

• Mangelnde Bereitschaft eines Menschen, mit anderen Menschen umzugehen, ohne sicher zu sein, dass sie ihn mögen.

• Vermeidung, vertraute Beziehungen aufzubauen, wegen der Angst, aufgrund eines geringen Selbstwertgefühls lächerlich gemacht oder abgelehnt zu werden.

• Angst vor möglicher Kritik oder Ablehnung in sozialen Situationen.

• Gehemmt sein in neuen sozialen Situationen aufgrund des Gefühls, nicht zu genügen.

• Sich selbst als sozial unzureichend, als Persönlichkeit unangenehm oder unterlegen wahrzunehmen.

• Großer Widerwille dagegen, Risiken auf sich zu nehmen oder neue Aktivitäten zu beginnen, weil das die Schamgefühle verstärken könnte.

Du siehst also, dass die Angst vor Versagen ein großes Hindernis auf dem Weg zum Ziel und zur eigenen Identitätsfindung ist. Wenn wir Angst vor Ablehnung haben, ist es schwer für uns, gesunde Beziehungen zu Menschen aufzubauen.

Wir nehmen die Welt als einen feindseligen Ort wahr und behandeln Menschen mit Misstrauen. Deshalb verpassen wir Gelegenheiten und haben keine Beziehungen. Es ist schwer für uns, ein Team aufzubauen, weil wir dabei ungute Beziehungen leben. Wir kontrollieren die Menschen anstatt es ihnen zu ermöglichen, sich selbst zu verwirklichen. Wenn wir in der Gesellschaft keine Beziehungen aufbauen, können wir unsere Identität nicht finden, denn ohne starke und für beide Seiten vorteilhafte Beziehungen ist es unmöglich, sich selbst zu verwirklichen und Ziele zu erreichen. Am Ende wird es uns schwer fallen, unsere Ziele zu erreichen und unsere Bestimmung zu erfüllen.

Die Ablehnung zerstört die Lebensanschauung des Menschen, weil sie die Lüge vermittelt, dass man nur akzeptiert und geliebt werden kann, wenn man im Leben Erfolg erlangt hat. Diese Lüge programmiert das weitere menschliche Verhalten. Ein Mensch betritt den dornigen Pfad, um diesen Erfolg zu erlangen, der für jeden Menschen anders aussehen kann. Das kann so weit gehen, dass ein Mensch sein ganzes Leben damit verbringt, Ruhm, Wohlstand oder Macht zu gewinnen. Am Ende ist er enttäuscht, weil weder Erfolg noch Angeberei ihm Befriedigung und vor allem Liebe einbringen. Menschen mit diesem Komplex neigen dazu, nicht zu sich selbst zu finden und ihre Bestimmung nicht zu erfüllen, sondern stattdessen einen gewissen Status zu erlangen. Deshalb können sie die Mission ihres Lebens nicht erfüllen.

Wohlstand und Erfolg führen nicht dazu, innere Wunden und Komplexe zu heilen, die man in der Kindheit erlitten hat.

Im Gegenteil, ein solcher Status kann von Anfang an zur Nachgiebigkeit führen, denn ein Mensch, dessen Wunden nicht geheilt sind und der sich nicht weiterentwickelt hat, wird den Wunsch hegen, alles zu kontrollieren. Das kann ihn zum Tyrannen machen, der sein Leben und das Leben anderer, die von ihm abhängig sind, zur Hölle machen kann. Für einen solchen Menschen ist es extrem schwer, Ziele zu erreichen oder seinen Auftrag im Leben zu erfüllen, denn selbst wenn er diesen verstanden hat, kann er aufgrund von falschen, verzerrten Überzeugungen von sich selbst, der Welt und anderen Menschen versagen.

Als Beispiel möchte ich die Geschichte der bekannten TV-Moderatorin Oprah Winfrey, deren Show ins Guinness Buch der Rekorde eingegangen ist, anführen.

Jeden Tag schalten etwa 14 Millionen Zuschauer ein, um die „Oprah Winfrey Show" anzusehen, was den Konkurrenten mit den zweithöchsten Einschaltquoten um 55 % übertrifft. 99 % der Haushalte in Amerika und in 64 Ländern auf der Welt sehen diese Show und gewährleisten so ein jährliches Einkommen von 170 Millionen $.

Das Leben von Oprah Winfrey war anfangs ständig von schweren Traumata und Krisen durchzogen. Sie war ein uneheliches Kind und von beiden Eltern verlassen worden. Während ihres Aufenthaltes im Ghetto von Milwaukee wurde sie im Alter von neun Jahren von einem ihrer Verwandten vergewaltigt und dann von zwei anderen Verwandten ständig sexuell belästigt.

Dennoch hat man den Eindruck, dass diese Erfahrungen einen positiven Einfluss auf Winfrey hatten und sie dazu brachten, hoch aufzusteigen. Sie halfen ihr, ihre erstklassige Lernfähigkeit zu erkennen, welche in solchen traumatischen Situationen auftritt.

Dadurch geriet Winfrey in einen Zustand, in dem sie sich sagen musste: „Ich werde alles überwinden und so gut werden, wie ich nur sein kann. Und das wurde sie tatsächlich, sie empfand ihre

Würde und überwand die Schuldgefühle, die sie aufgrund des Missbrauchs hatte.

Als sie bereits sehr großen Ruhm und Erfolg erlangt hatte, beging Oprah einen Selbstmordversuch. Der Grund war eine anhaltende Depression wegen ihres Übergewichtes und ihrer Unfähigkeit, aus negativen Beziehungen mit dem anderen Geschlecht auszusteigen. Man kann sagen, dass der Grund dafür in ihrer Kindheit lag, in Ablehnung und der Unfähigkeit, durch den Prozess der seelischen Heilung zu gehen. Als diese beiden Faktoren zusammentrafen, geriet sie auf den emotionalen Tiefpunkt ihres Erwachsenenlebens.

Oprahs Leben geriet in die Sackgasse nachdem sie bereits ihren ersehnten Erfolg erlangt hatte. Sie musste emotional noch einmal zurück in ihre Kindheit gehen und den tief in ihrer Seele verborgenen Schmerz noch einmal durchleben. Es war so, als wenn der Schmerz sie einholte und versuchte, sie zurückzuholen.

Wie wir sehen, kann Ablehnung einen Menschen antreiben, Widrigkeiten zu überwinden und Erfolg zu haben. Das bedeutet allerdings nicht, dass ein Mensch, der Status, Ruhm, Geld und Macht erworben hat, in der Lage ist, seine emotionalen Wunden zu heilen. Es besteht die Gefahr, dass ein Mensch, selbst wenn er seine Bestimmung erfüllt hat, versagen und sein Ziel niemals erreichen kann, aufgrund der Tatsache, dass er keine innere Heilung erfahren hat.

Dieser Komplex ist sein Schwachpunkt, und um auf dem Weg zum Ziel nicht aus dem Sattel geworfen zu werden, sollte er an diesem Punkt stark werden.

Wenn uns Ablehnung widerfährt, kann es zu einer Reihe negativer Emotionen oder Gefühle kommen, wie z. B.:

- Ablehnung führt zu Einsamkeit, weil sich der Mensch von anderen Menschen, Situationen, Gefühlen und Emotionen zurückzieht;
- Einsamkeit löst Selbstmitleid aus, das den Menschen in einem Gefängnis der Sorgen um Probleme gefangen hält;
- Selbstmitleid führt zu Depression;
- Depression kann zu Verzweiflung und Hoffnungslosigkeit führen.

Selbstmitleid führt zu Passivität, Tränen, Depressionen und der Zerstörung von Beziehungen zu anderen Menschen, zur Isolation von der Gesellschaft und zu Selbstmord.

Worauf basiert das Gefühl des Abgelehntseins?

Es basiert auf einem Mangel an Liebe. Es tritt auf, wenn die Eltern kalt sind und dem Kind keine Liebe geben, weil sie ihr Kind mit anderen Kindern vergleichen und ältere Kinder eifersüchtig auf ihre jüngeren Geschwister sind. Eifersucht kann auch im Erwachsenenleben auftauchen, wenn es zu Scheidung oder zum Zerbruch von Beziehungen kommt.

Was verstehen wir unter bedingungsloser Liebe?

Es bedeutet, dass du dein Kind liebst, wenn es brav ist, gute Noten schreibt, das Geschirr spült, es aber auch dann liebst, wenn es einen Fehler macht, schlechte Dinge tut und nicht gut lernen kann. Du nimmst es immer an und betrachtest das Negative getrennt vom Wesen des Kindes. Es handelt falsch, aber du liebst es trotzdem, auch wenn es deine Liebe nicht verdient.

Was sind die Eigenschaften der Ablehnung?

- Ein Mensch kann keine Liebe empfangen und geben.
- Ein Mensch ist zu sehr um die Meinungen anderer besorgt. Wenn sie es nicht gutheißen, kann er seine Entscheidungen nicht durchsetzen, was dazu führt, dass er sein Ziel nicht erreicht.
- Ein Mensch kann keine starken Beziehungen in der Familie, der Gesellschaft und am Arbeitsplatz aufbauen. Er wird immer testen, ob sie stark genug sind. Es fällt ihm schwer, Menschen zu vertrauen. Am Ende hindert ihn seine Unfähigkeit, für beide Seiten vorteilhafte Beziehungen aufzubauen, daran, sein Ziel zu erreichen.
- Einsamkeit, Frustration, Depression. Ein solcher Zustand führt uns von unserer Bestimmung und der Mission unseres Lebens weg.

Was kann man einem Menschen raten, der vom Gefühl des Abgelehntseins frei werden will?

1. Vergib all denen, die dich tatsächlich oder vermeintlich verletzt haben, weil dich dieser Schmerz extrem empfindlich macht.

2. Akzeptiere es, dass du anders bis als andere ebenso wie andere anders sind als du. Du brauchst nicht ihre Zustimmung, um du selbst sein zu können.

3. Öffne dich für andere Menschen. Bemühe dich, Beziehungen aufzubauen. Gehe den ersten Schritt, versuche in einem Menschen einen potentiellen Verbündeten und keinen Angreifer zu sehen.

4. Nimm dich selbst an, liebe dich selbst mit einer nicht egoistischen Liebe, so wie du einen Teil der Schöpfung liebst.

Goldene Wahrheiten

1. Das Gefühl des Abgelehntseins basiert auf einem Mangel an Liebe. Es tritt auf, weil die Eltern kalt und nicht liebevoll waren; es kann auch im Erwachsenenleben auftreten als Folge einer Scheidung oder zerbrochenen Beziehungen.

2. Menschen mit diesem Komplex können keine Liebe geben und empfangen.

3. Weil sie zu empfindlich auf die Meinungen anderer reagieren, können sie ihre Entscheidungen nicht durchsetzen, wenn andere sie nicht bestätigen, was dazu führt, dass sie ihr Ziel nicht erreichen können.

4. Ein Mensch kann keine starken Beziehungen in der Familie, Gesellschaft und am Arbeitsplatz aufbauen. Er wird immer testen, ob sie stark genug sind. Es fällt ihm schwer, anderen Menschen zu vertrauen. Am Ende verhindert seine Unfähigkeit, für beide Seiten befriedigende Beziehungen aufzubauen, dass er seine Ziele erreichen kann.

Test zur Selbsteinschätzung

1. Wie schwer fällt es dir, Menschen zu vergeben?

a) Ja, es ist schwer für mich, jemandem zu vergeben, der mir etwas angetan hat. (0)

b) Ich bin dabei, an mir zu arbeiten, um vergeben zu können. (1)

c) Es ist leicht zu vergeben, und ich versuche einfach, mich nicht zu ärgern. (2)

2. Wie oft baust du „Mauern" zwischen dir und anderen?

a) Wenn mich jemand nicht mit gebührender Aufmerksamkeit behandelt, sich kalt verhält oder mich kritisiert, baue ich umgehend eine Mauer in der Beziehung auf. (0)

b) Ich versuche, keine Mauern aufzubauen, aber die Dinge laufen nicht immer so, wie ich es mir wünsche. (1)

c) Ich baue keine Mauern auf; ich bin pragmatisch in meinen Beziehungen. (2)

3. Hast du dir während des vergangenen Jahres Sorgen aufgrund einer zerbrochenen Beziehung, einer Scheidung oder Streitigkeiten mit deinen Freunden gemacht?

a) Ja. (0)

b) Es gab Konflikte. (1)

c) Es ist nichts Gravierendes geschehen. (2)

4. Wie oft kommt es in deinen Beziehungen zu Konflikten?

a) Oft. (0)

b) Manchmal. (1)

c) Ich versuche, auf einer für beide Seiten befriedigenden Basis Beziehungen aufzubauen. (2)

Testergebnisse

0 – 4 Punkte: Es tut uns leid, aber du hast diesen Komplex. Es fällt dir schwer, Beziehungen zu anderen aufzubauen. Du versuchst, alles zu kontrollieren und trittst Menschen oft misstrauisch entgegen. Mit dieser Denkweise wird es dir extrem schwer fallen, deine Ziele zu erreichen und deine Bestimmung zu erfüllen. Du wirst aufgrund deines extremen Misstrauens Gelegenheiten verpassen.

5 – 9 Punkte: Du wirst manchmal von diesem Komplex beeinflusst. Du bist misstrauisch; du hast oft Konflikte mit anderen Menschen, aber du arbeitest an dir und bist dir bewusst, dass dich dieser Komplex daran hindert, deine Ziele zu erreichen und deine Bestimmung zu erfüllen. Also bist du auf deinem Weg zum Erfolg.

9 – 12 Punkte: Wir freuen uns für dich! Du bist von diesem negativen Komplex nicht betroffen, und richtest deine ganze Energie darauf aus, deine Ziele zu erreichen.

PRAKTISCHE AUFGABEN

1. **Mache dir eine Liste aller Menschen, die dich verletzt haben oder von denen du das annimmst.**

2. **Entscheide dich, ihnen zu vergeben.**

3. **Mache dir eine Liste aller Menschen, mit denen du eine belastete Beziehung führst oder wo du in der Beziehung Mauern aufgebaut hast.** Entscheide dich, die Beziehung in guter Weise wiederherzustellen.

Kapitel 16

Geringes Selbstbewusstsein

Was führt zu geringem Selbstbewusstsein?

In unserem Land wurde die Persönlichkeit in der Gesellschaft missachtet. Der Respekt dem Menschen gegenüber war mangelhaft. In Amerika ist das Selbstbewusstsein der Menschen z.B. viel größer als in den Ländern der früheren Sowjetunion.

Unsere Eltern, die nicht den gebührenden Respekt ihrer Persönlichkeit erfahren haben, können ihn nicht an uns weitergeben, auch sie respektieren unsere Persönlichkeit nicht.

In der Schule zeigen die Lehrer den kleinen Persönlichkeiten, ihren Überzeugungen und Entscheidungen, offen ihre Respektlosigkeit, was ebenfalls zu einem mangelnden Selbstwertgefühl beiträgt.

Ein niedriges Selbstwertgefühl verzerrt unsere Wahrnehmung, besonders die von uns selbst. Menschen mit einem niedrigen Selbstwertgefühl glauben nicht, dass sie im Leben zu sich selbst finden können, sie glauben nicht, dass sie ihr Potenzial entfalten können. Also ist ihre Selbstwahrnehmung verzerrt. Deshalb ist es schwer und fast unmöglich für sie, ihre Mission im Leben zu erfüllen. Jeder kann sie dazu bringen, nachzugeben. Sie können ihre Meinung nicht sicher vertreten, weil sie nicht sicher sind, ob diese richtig ist. Ihre Energie wird von diesem negativen Komplex aufgesaugt.

Deshalb fällt es ihnen sehr schwer, ihre gesetzten Ziele zu erreichen. Sie verbrauchen viel Zeit und Energie mit negativen Gefühlen über ihre Identität, indem sie sich mit anderen, erfolgreicheren Menschen, vergleichen.

Sie glauben nicht an ihre eigene Kraft und sehen ihre Chancen nicht. Ein niedriges Selbstwertgefühl hindert sie daran, ihre Ziele zu erreichen und ihre Mission zu erfüllen.

Was hilft uns dabei, ein angemessenes Selbstbewusstsein aufzubauen?

Ein Mensch, der eine Persönlichkeit ist, kann kein geringes Selbstbewusstsein haben. Wenn du in deinem Kind eine Persönlichkeit hervorbringen willst, dann ziehe es in einer Atmosphäre von Liebe und Annahme auf, behandle seine Entscheidungen, sein Handeln und seine Überzeugungen mit Respekt.

Wenn du in deinem Kind keine Persönlichkeit hervorbringst, keinen Charakter entwickelst, wird es sich von den Meinungen seiner Kameraden beeinflussen lassen, auch wenn diese negativ sind. Es wird tun was die Mehrheit tut, ohne dabei an sein eigenes Leben zu denken. Auf diese Weise kann ein Mensch in Drogen, Alkohol und Prostitution geraten.

Ein Mensch mit wenig Selbstbewusstsein ist es gewohnt, nur zu nehmen und niemals etwas zurückzugeben.

Es ist schwer für einen solchen Menschen, Produkte und Dienstleistungen zur Verfügung zu stellen, Kunden zu finden und Erfolg zu erlangen.

So ist es natürlich sehr schwer für ihn, seine Ziele zu erreichen. Er hat eine verzerrte Selbstwahrnehmung, er identifiziert sich nicht mit seinem Schöpfer, glaubt nicht, dass er Fähigkeiten, Talente, Gaben, Glauben, Ausdauer, Kreativität oder eine umfassende Weltanschauung hat.

Er kann seine Ziele deshalb nie erreichen, weil es in seinem Denken eine Begrenzung gibt, die er nie überwinden wird.

Er wird glauben, schlechter als seine Kunden zu sein, wird seine Zeit nicht in andere investieren, er wird keine professionelle Hilfe, keinen Rat oder freundlichen Service bieten.

Wie können wir von einem geringen Selbstbewusstsein frei werden?

1. Schreibe mindestens 50 Punkte auf, für die du dir selbst Respekt entgegenbringen kannst. Du kannst z. B. gut kochen, du kannst sicher mit dem PC umgehen, du bist ein zielorientierter Mensch, du hältst dein Wort, du bist gewissenhaft, ehrlich usw.

2. Zu handeln ist etwas, das man ständig tut, und ein Ziel zu erreichen wird dein Selbstwertgefühl heben.

3. Lerne, schnell Entscheidungen zu treffen. Wenn du eine Entscheidung triffst, setzt dein Körper zusätzliche Energien frei, um diese umzusetzen. Also wirst du enthusiastisch.

4. Vergleiche dich niemals mit anderen. Es raubt dir deine Energie und lenkt dich davon ab, deine Pläne und Ziele umzusetzen.

Wie wir sehen, hindern uns Komplexe und negative Verhaltensweisen daran, uns selbst zu verwirklichen und unsere Ziele zu erreichen. Jeder von uns, der seine Bestimmung umsetzen und seine Ziele erreichen will, muss einfach nur von seinen einschränkenden Überzeugungen und Komplexen frei werden, die er in der Familie gelernt und in der Gesellschaft erworben hat.

In diesem Buch sind mögliche Komplexe und einschränkende Überzeugungen genau beschrieben. Arbeite daran, verändere deine Reaktionen, verändere deine Verhaltensmuster und werde frei von einschränkenden Gedanken und Komplexen.

Werde frei, um deine Ziele effektiv erreichen und deine Mission im Leben erfüllen zu können.

GOLDENE WAHRHEITEN

1. Ein geringes Selbstbewusstsein verzerrt unsere Wahrnehmung, besonders unsere Selbstwahrnehmung. Menschen mit geringem Selbstbewusstsein glauben nicht, dass sie im Leben zu sich selbst finden und ihr Potenzial verwirklichen können.

2. Daher ist es schwierig, fast unmöglich für einen solchen Menschen, seine Mission im Leben zu erfüllen. Jeder kann ihn davon abhalten. Er kann seine Meinung nicht klar verteidigen, weil er sich nicht sicher ist, ob diese richtig ist. Seine Energie wird von seinem negativen Komplex aufgesaugt.

3. Er verschwendet eine Unmenge an Zeit und Energie an Angstgefühlen in Bezug auf seine Identität und vergleicht sich mit anderen, erfolgreicheren Menschen. Er glaubt nicht an seine eigene Kraft, und er sieht seine Möglichkeiten nicht.

4. Ein geringes Selbstbewusstsein hindert uns daran, unsere Ziele zu erreichen und unsere Mission zu erfüllen.

Test zur Selbsteinschätzung

Übung: „Bei welchem Schritt bin ich gerade?"

Der Sinn dieser Übung ist es, den Teilnehmern zu helfen, ein angemessenes Selbstbewusstsein aufzubauen. Die Teilnehmer bekommen das Bild einer Leiter mit zehn Stufen. Dazu die folgende Anleitung:

„Trage dich auf der Stufe ein, auf der du glaubst, gerade zu sein."

Testergebnisse

Ein angemessenes Maß an Selbstbewusstsein sind die **Stufen 6 – 7**.

Es sind die Stufen, die etwas über dem Durchschnitt liegen, und die meisten Menschen sehen sich auf diesen Stufen.

Stufe 8 kann ebenfalls als Level eines angemessenen Selbstbewusstseins bezeichnet werden, obwohl in diesem Fall davon auszugehen ist, dass das Selbstbewusstsein ein wenig zu hoch ist.

Die **Stufen 9 und 10** zeigen ein sich selbst überschätzendes Ego. Diese Stufen werden von den Menschen angegeben, die glauben, viel besser als andere zu sein. Sie glauben, dass ihre Eigenschaften sie fast zu einem Idealbild machen.

Die **Stufen 4 und 5** werden von Menschen genannt, die nicht ganz zufrieden mit der gegenwärtigen Situation sind, und ihr Selbstbewusstsein ist gering.

Die **Stufen 1 bis 3** werden von Menschen mit einem sehr niedrigen Selbstwertgefühl gewählt, oder von Menschen, die gerade in einer Krise stecken.

Auf welcher Stufe dieser Leiter wir uns sehen, wird nicht nur von der Sicht auf uns selbst, wie wir sie im Leben erworben haben, beeinflusst, sondern auch vom seelischen Zustand, in dem sich der Teilnehmer zum Zeitpunkt des Tests befand.

Praktische Aufgaben

Schreibe mindestens 50 Punkte auf, für die du dich selbst respektieren kannst. Du kannst z. B. gut kochen, du bist mit dem PC vertraut, du bist ein zielorientierter Mensch, du hältst dein Wort, du bist gewissenhaft, ehrlich usw.

Kapitel 17
Was ist der Unterschied zwischen Gewinnern und Verlieren?

Was ist der Unterschied zwischen Gewinnern und Verlierern?

„Erfolg ist die Fähigkeit, von einer Niederlage zur anderen zu gehen, ohne seinen Enthusiasmus zu verlieren."

(„Erfolg ist die Fähigkeit, eine Niederlage nach der anderen zu erleiden, ohne den Willen zu gewinnen, zu verlieren.")

Winston Churchill

Bei deiner Geburt war dein Gehirn frei von allen Informationen so wie ein neuer Computer mit einer absolut sauberen Festplatte. Denken schaltet deinen Computer ein und setzt das Betriebssystem in Gang, das dein Leben lenkt. Eltern oder Menschen, die dich aufgezogen haben, waren die bedeutendsten Programmierer, die ein bestimmtes Betriebssystem in deinem Gehirn installiert haben.

Wenn Kindern ein siegeswilliger Geist, Ausdauer, Beharrlichkeit, Selbstbewusstsein, Glück und Dankbarkeit von den Eltern mitgegeben wurde, dann werden sie ihr Leben in der Erwartung zu gewinnen leben.

Wenn an das Kind allerdings Nervosität, Ängste und Misstrauen weitergegeben werden, wird es sich automatisch wie ein Verlierer verhalten und kann deshalb seine gesetzten Ziele nicht erreichen.

Wir sollten lernen, verzerrte Denkweisen, Überzeugungen oder Verhaltensmuster aufzudecken und sie mit den richtigen Ideen und Überzeugungen zu ersetzen.

Denke einmal über das Beispiel eines Computervirus nach. Was geschieht auch mit dem besten Computer, wenn ein Virus in ihn hineinkommt und dessen moderne Software zerstört?

Zunächst einmal hören einige Teile des Computers auf, richtig zu funktionieren und das Gerät verliert an Geschwindigkeit. Schließlich hängt der Computer und funktioniert nicht mehr. Dasselbe geschieht mit unserem Verstand. Ein Komplex ist eine Art Virus, der unser System deaktiviert. Wenn du zulässt, dass er sich in deinem ganzen System ausbreiten kann, wird er deine Fähigkeit, richtig zu funktionieren, beeinflussen, so wie bei einem Computer.

Dadurch kann man nicht mehr leistungsfähig sein und seine Ziele nicht erreichen.

Du solltest herausfinden, wie du deine Komplexe und Überzeugungen, die viele Hindernisse auf deinem Weg zum Ziel darstellen und eine verzerrte Selbstwahrnehmung fördern, erkennen kannst.

Du solltest dann diese verzerrte Denkweise mit positiven Gedanken und Überzeugungen ersetzen. Eine dankbare Haltung zu entwickeln und zu lernen, wie du mit dem was du hast und wo du gerade bist, zufrieden sein kannst, ist auch sehr wichtig.

Ich werde nun einige verzerrte Denkweisen nennen. Doktor David Burns, ein bekannter Psychiater und der Autor des Buches „How to feel better" (wie man sich besser fühlt) hat diese gut beschrieben.

1. Die Gewohnheit, mit dem Schlimmsten zu rechnen

Diese allgemein angenommene verzerrte Denkweise wird bei Menschen mit dem Komplex der Versagensangst beobachtet. Dafür gibt es einige Beispiele: „Wenn jemals etwas Schlimmes passiert, dann wird es garantiert mir passieren." „Mein Chef hat mich heute nicht angelächelt, also hat er wahrscheinlich etwas gegen mich." „Mein Mann ist heute spät von der Arbeit gekommen, also hat er wahrscheinlich eine Geliebte." Wenn du ständig über so etwas nachdenkst, dann ermöglichst du diesen Dingen, zu einer Prophetie zu werden. Wenn man sich vorstellt, dass etwas Ungutes geschieht, zieht man das unbewusst an. Beginne statt dessen zu erwarten, dass etwas Gutes geschieht.

2. Die Gewohnheit, negative Schlüsse zu ziehen. Eine solche Denkweise ist unter Menschen mit einem Komplex der Angst vor Ablehnung üblich.

Man glaubt fälschlicherweise zu wissen, was ein anderer Mensch denkt, ohne irgendwelche Fakten zu haben, die diese Sichtweise bestätigen. Du kommst z. B. in ein Restaurant und siehst, wie zwei deiner besten Freunde dort ohne dich essen. Sie bemerken dich und beginnen, miteinander zu flüstern. Du vermutest, dass sie dich kritisieren oder über deine Schwächen reden. Die Realität sieht allerdings ganz anders aus. Versuche, darauf zu achten, wenn du voreilige Schlüsse ziehst. Beginne, von deinen Mitmenschen das Beste zu erwarten.

3. Der negative Filter

Ein solcher Mensch hat ein taubes Ohr für positive Informationen und sieht nichts Gutes um sich herum. Andererseits hat er ein offenes Ohr für negative Informationen und kann diese extrem gut behalten. Er ist auf Negatives fokussiert und lässt positive Eindrücke an sich vorübergehen.

4. Schlussfolgerungen, die auf Emotionen basieren

Ein Mensch mit einer solchen Haltung sieht seine Gefühle als absolute Tatsache an. Wenn er vor etwas Angst hat, ist er sicher, dass ihm etwas Schlimmes passieren wird. Ein gesunder Mensch trennt seine Emotionen von der tatsächlichen Situation. Er hat erkannt, dass er auf eine jede Situation mit seinem Glauben, positiver Motivation, Analyse und sinnvollen Entscheidungen Einfluss nehmen kann, unabhängig von dem was er gerade fühlt. Ändere dein Denken in eine positivere Denkweise.

> *„Negative Gedanken sind wie Vögel – sie werden immer über deinen Kopf hinwegfliegen, aber lasse sie kein Nest in deinem Kopf und deinem Herzen bauen!" Volksweisheit.*

Vielleicht haben diese Überzeugungen ihren Ursprung in deiner Kindheit, vielleicht hat dir jemand gesagt, dass es für dich nicht realistisch sei, Erfolg zu erlangen. Weil du aus deinen vorherigen Erfahrungen negative Schlussfolgerungen gezogen hast, hast du dich selbst davon überzeugt, dass es nicht realistisch ist, ohne Geld und Beziehungen Erfolg zu haben, und du nicht zum Erfolg bestimmt bist, weil du dies nicht hast.

Leider stellt uns diese verzerrte Denkweise Hindernisse in den Weg, wenn wir weiterkommen, unsere Ziele erreichen und unsere Bestimmung erfüllen wollen. Diese negativen Gedanken rauben unsere Energie und lassen unnötigen Emotionen in unserem Inneren aufkommen.

Du solltest deine eingeschränkte Vision verändern, um in der Lage zu sein, etwas zu erreichen.

Nur wenn du deine Überzeugungen veränderst, wirst du auch dein Leben verändern können.

Ein Mensch wird zu dem, woran er denkt. Gedanken sind materiell.

Gewöhnliche Menschen denken über ihre Probleme nach, sie beklagen sich ständig und lehnen Dinge ab. Indem sie das tun, verdammen sie sich selbst zum Scheitern, denn so funktioniert das Gesetz der Niederlage.

Bedaure niemals Dinge, die du nicht ändern kannst, unter keinen Umständen. Das ist eine goldene Regel. Triff die Entscheidung, nicht über dich selbst zu klagen, damit du im Leben nicht zu einem Opfer wirst. Sonst wirst du scheitern.

Entscheide dich, zufrieden sein zu wollen.

- Entscheide dich, dich nicht auf Probleme zu konzentrieren, die außerhalb deiner Macht liegen und die du nicht ändern kannst. Denke an deine Entscheidung und mache weiter.

- Entscheide dich, niemals über Ängste nachzudenken. Habe keine Angst vor irgendetwas, niemals.

- Entscheide dich, niemals ans Zweifeln zu denken.

- Wie denken berühmte und erfolgreiche Menschen?

- Erfolgreiche Menschen denken nur an ihre Ziele.

- Sie setzen sich ein Ziel für einen Tag, eine Woche, ein Jahr und für ein ganzes Leben. Sie weigern sich, über den Rahmen ihrer Ziele hinauszudenken. Sie scheinen von ihren Zielen besessen zu sein.

- Erfolgreiche Menschen lenken ihre Aufmerksamkeit auf ihre Aufgaben, während gewöhnliche Menschen über ihre Probleme nachdenken.

- Was ist der Unterschied zwischen Zielen und Aufgaben? Ein Ziel ist ein zu erwartendes Endergebnis und Aufgaben sind etwas Vorläufiges, Teilschritte, die dazu dienen, ein einziges großes Ziel zu erreichen. Ziele bestehen aus Aufgaben. Aufgaben bedeuten Schritte auf das Ziel zu. Dein Ziel ist nichts weiter als eine Illusion, wenn du dir keine Aufgaben stellst.

- Erfolgreiche Menschen sind Menschen der Ziele, sie denken ständig über neue Ziele und Aufgaben nach.

- Erfolgreiche Menschen denken ständig über Lösungen, Wege und Methoden nach, um ein bestimmtes Problem zu lösen.

- Wie findet sich eine Lösung? Was ist die Lösung für die derzeitige Situation? Sie sind immer in Gedanken über ihr Ziel vertieft. Sie suchen ständig nach Lösungen, um die Ziele, die sie sich gesetzt haben, verfolgen zu können.

- Sich auszuruhen heißt nicht, den Verstand auszuschalten. Natürlich sollte sich ein Mensch ausruhen. Natürlich ist die Ruhe auch extrem wichtig. Aber auch während der Ruhezeit solltest du deine Aktivitäten planen und ebenso die Zeiten, wann du dich ausruhen willst, um alle Vorteile daraus ziehen zu können und sie dir zum Segen werden zu lassen.

- Wenn dein Ziel nicht zu deinem Leben wird, wird alles andere nutzlos sein.

- Wir alle stammen von Gott und deshalb haben wir etwas Einzigartiges, das er uns gegeben hat. Wir alle tragen den Samen der Großartigkeit in uns. Jeder hat die Berufung, in einem bestimmten Bereich zu leiten: Politik, Bildung, Medizin, Kunst etc. Jeder sollte seinen eigenen Bereich finden und darin arbeiten.

- Erfolgreiche Menschen denken ständig über ihre Pläne nach.

- Hast du Pläne?

- Berühmte Menschen denken über ihre Zukunft nach, sie bauen sich heute ihr Morgen auf.

- Planst du deine Zukunft systematisch? Lasst uns Kontrolle über unser Leben nehmen und damit anfangen, es nach unseren Plänen zu gestalten.
- Erfolgreiche Menschen denken ständig nach.
- Erfolgreiche Menschen haben immer eine positive Sicht auf das Leben.
- Sie denken nicht über Niederlagen nach. Sie stellen sich etwas nicht als unmöglich vor. Sie nehmen „Nein" nicht als Antwort an. Sie sind positiv gestimmt und geben niemals auf.
- Bedeutende Menschen denken immer darüber nach, wie sie ihre Angelegenheiten verbessern können. Sie sind niemals inaktiv. Sie arbeiten ständig an sich selbst und daran, Dinge noch effektiver zu tun.
- Erfolgreiche Menschen lenken ihre Aufmerksamkeit auf ihr Handeln.
- „Es muss etwas getan werden." Sie können sich Untätigkeit nicht vergeben. Sie ruhen sich nicht auf ihrem Handeln aus.
- Erfolgreiche Menschen denken darüber nach, wie sie alles noch besser und schneller tun können.

Wer eine Siegermentalität hat kann seine Ziele schnell und effektiv erreichen.

Die Mentalität eines Verlierers wird dich daran hindern, weiterzukommen und deine Ziele zu erreichen und deine Berufung zu leben. Auch wenn du die Frage „Wer bin ich?" beantwortet hast, werden dir auf deinem Weg zum Ziel viele Hindernisse begegnen, wenn du das negative Denken eines Verlierers hast. Du solltest deine Schwächen herausfinden und dich und dein Denken verändern, um deine Mission zu leben und das Leben eines Gewinners zu führen.

Goldene Wahrheiten

1. Du solltest lernen, verzerrte Gedanken, Überzeugungen oder Verhaltensmuster aufzudecken und sie in die richtigen Sichtweisen und Überzeugungen umzuwandeln.

2. Du solltest deine eingeschränkte Sichtweise verändern, um etwas zu erreichen.

3. Wenn du deine Überzeugungen veränderst oder korrigierst, wirst du deine Lebensweise verändern können.

4. Die Mentalität eines Verlierers wird dich daran hindern, deine Ziele zu erreichen und die Bestimmung deines Lebens zu erfüllen.

5. Du solltest deine Schwächen herausfinden, um deine Mission zu erfüllen und das Leben eines Gewinners zu führen.

Test zur Selbsteinschätzung

1. Klagst du über dein Schicksal, wenn etwas schief läuft?

a) Ja, das mache ich oft. (0)

b) Ich versuche, das Problem zu lösen. (1)

c) Ich verschwende meine Energie nicht durch Klagen und löse all meine Probleme sobald sie auftauchen. (2)

2. Hältst du Arbeit für die beste Medizin?

a) Nein, das glaube ich nicht. (0)

b) Es ist gut, Spaß zu haben. Aber der Job wartet. (1)

c) Ja, das sehe ich so. (2)

3. Hast du Pläne für einen Tag, einen Monat oder ein Jahr?

a) Nein, habe ich nicht. (0)

b) Ich habe einen Plan für einen Tag. (1)

c) Ich habe sowohl langfristige als auch kurzfristige Pläne. (2)

4. Planst du deine Zukunft systematisch?

a) Nein, ich denke über so eine ferne Zukunft nicht nach. (0)

b) Ich habe mir bereits einige Pläne gemacht. (1)

c) Ja, ich plane meine Zukunft systematisch. (2)

5. Hast du dich selbst schon einmal dabei ertappt, wie du an Niederlage denkst oder dir etwas als unmöglich vorstellst?

a) Ja, sehr oft. (0)

b) Manchmal denke ich so. (1)

c) Ich bin immer vom Sieg überzeugt. (2)

Testergebnisse:

0 – 4 Punkte: Es tut uns leid, aber du hast die Haltung eines Versagers. Du solltest deine Denkweise ändern. Höre auf, über Probleme nachzudenken, sondern denke als allererstes darüber nach, wie du diese überwinden kannst. Du solltest dir der Bestimmung deines Lebens bewusst werden und über die Möglichkeiten nachdenken, wie du diese erfüllen kannst. Wenn du über deine Ziele nachdenkst, wird das optimistische Gefühle in dir freisetzen. Die Haltung des Versagers wird dich auf dem Weg zu deinem Ziel behindern. Du musst deine Überzeugungen ändern, um dein Ziel erreichen zu können.

5 – 9 Punkte: Manchmal begegnen dir Gedanken des Versagens und der Niederlage. Arbeite weiter an dir, um deine gewohnte Mentalität in die Mentalität eines Gewinners umzuwandeln. Nur wenn du so denkst, wirst du deine Ziele leicht erreichen.

9 – 12 Punkte: Wir freuen uns für dich! Du hast die Mentalität eines Gewinners. Du setzt deine ganze Energie dafür ein, die Ziele zu erreichen, die du dir gesetzt hast.

PRAKTISCHE AUFGABEN

Überlege, in welchen konkreten Situationen deine Haltung des Versagers zum Vorschein kommt.

Spiele 21 Tage lang im Kopf durch, wie du dich als Gewinner verhalten würdest.

Test: Hast du einen Minderwertigkeitskomplex?

Um diesen Test durchzuführen, empfehlen wir die Methode von J. Menester und R. Corzini (1982).

Hier ist die vollständige Beschreibung.

Du hast fünf Linien vor dir. Jede von ihnen stellt eine Skala dar. Wenn du willst, kannst du deine Punkte darin eintragen. So kannst du dich im Vergleich zu anderen Menschen einschätzen, genau wie du bist. Du bist z. B. eine unverheiratete Frau von 30 Jahren mit einem bestimmten Einkommen. Du wirst dich im Vergleich zu anderen Frauen derselben Rasse, Altersgruppe und Lebensbedingungen einschätzen.

Du solltest deine Punktzahl auf der Linie eintragen. Deine Punktzahl spricht dafür, wie zufrieden du grundsätzlich mit dir selbst bist. Wenn du dich selbst als einen erfolgreichen gewöhnlichen Menschen mittleren Niveaus siehst, dann entscheidest du dich vielleicht für 50 %; wenn du dich für ein Niveau unter dem Durchschnitt entscheidest, dann entscheidest du dich vielleicht für 40, 35, 25 oder sogar weniger; wenn du dich als Versager siehst, dann entscheidest du dich vielleicht für 5 % oder 10 %, wenn du ein gutes Gefühl in Bezug auf deine Persönlichkeit hast und als glücklicher Mensch erscheinst, dann entscheidest du dich vielleicht für 75, 85 oder 95 %.

Wir empfehlen, fünf Bewertungen zu verteilen.

1. Schätze deinen Erfolg als Persönlichkeit generell ein im Vergleich zu anderen Menschen derselben Gruppierung, zu der du gehörst.

2. Trage auf der zweiten Skala ein, wie andere Menschen dich deiner Meinung nach einschätzen. Du meinst z. B. 50 % zu haben, glaubst aber, dass dir die Menschen, die dich kennen, 70 % geben würden.

3. Nun trage bitte ein, wie hoch du dich hypothetisch maximal einschätzen würdest, wenn du alle Möglichkeiten und Mittel hättest, die du brauchen würdest, um deine Ziele zu erreichen.

4. Nun schätze dich für die Zukunft ein. Wie wirst du dich deiner Meinung nach in fünf Jahren einschätzen?

5. Schließlich markiere die Stelle, wo du jetzt gerne wärest. Wo solltest du sein?

Zeichne fünf vertikale Linien auf ein Blatt Papier und zeichne auf jede Linie diese fünf Punkte ein. Wir werden danach erklären, wie du feststellen kannst, ob du zu einem Minderwertigkeitskomplex neigst. Nun bitten wir dich, dich selbst zu bewerten, denn es sagt dir etwas über deine eigene Persönlichkeit.

Es wird höchstens eine Minute dauern, aber du solltest dir ein Blatt Papier dafür zur Hand nehmen. Es nur im Kopf zu tun wird nicht reichen.

Testschlüssel

Wie stark der Minderwertigkeitskomplex ist, geht daraus hervor, wie groß die Diskrepanz zwischen deinen Bewertungen auf der ersten Skala (**wie schätzt du dich im allgemeinen ein?**) und auf der fünften Skala ist (**wo wärest du gern?**).

Wenn du dich bei **50 %** einschätzt und du auf **60 %** kommen möchtest, wird dieser „kleine Unterschied" wahrscheinlich bedeuten, dass du einen leichten Minderwertigkeitskomplex hast.

Wenn du dich jedoch bei **30 %** einstufst und motiviert bist, **100 %** zu erreichen, hast du wahrscheinlich ein starkes Minderwertigkeitsgefühl.

Wenn sich bei dem Test herausgestellt hat, dass du einen Minderwertigkeitskomplex hast, solltest du dich selbst analysieren und herausfinden, welcher spezielle Komplex dir die Energie raubt.

Oben haben wir detailliert beschrieben, an welchem Komplex wir leiden können: Schuldgefühle, Opferkomplex, der Angst vor Versagen, Kritik, Armut, Einsamkeit und dem Verlust der Liebe oder des Erfolges, mangelndes Selbstvertrauen, Isolation oder niedrigem Selbstwertgefühl.

Wenn du dein negatives Verhaltensmuster aufgedeckt hast, wirst du in der Lage sein, dein Bewusstsein mit einem Ziel zu reprogrammieren und ein neues Verhaltensmuster zu entwickeln, das dir helfen wird, dich selbst zu verwirklichen.

Aus SELF-APPRAISAL SCALE (nach Manaster C. J., Corsini R. J., 1982)

Epilog

Epilog

Also, lieber Leser, wir sind am Ende unserer Reise angekommen. Die größte Erwartung, die du aus diesem Buch ziehen konntest, ist das Vertrauen, dass sich dein bisheriges Leben ändern kann und es nicht in Leere und Enttäuschung enden wird.

Dieses Buch enthält die nun gelernten Anweisungen, mit denen du dein Leben zum Besseren hin verändern kannst, ein helles, interessantes, einzigartiges und reiches Leben voller Leidenschaft, sinnvoller Betätigung, Erfüllung, Abenteuer und Entdeckungen. Dieses Buch wurde geschrieben, damit du dein Leben nicht mit Zweifeln und Ängsten verschwendest und soll dich ermutigen, dich selbst als Mensch und Herrn der Schöpfung zu sehen, so dass deine einzigartige, schöne und brillante Seele sich offenbaren kann. Lebe im Einklang mit dem, was du im Herzen hast, schließe deine Gabe nicht in deinem Inneren ein, überschreite Grenzen und Beschränkungen. Es gibt keine Grenzen für die Selbstverwirklichung, es gibt keine Grenzen für deine Gabe, die dir den Weg ebnet, um herausragend, angesehen und erfolgreich zu werden.

Du musst nur ein paar Dinge dafür tun.

1. Beantworte die fünf wichtigsten philosophischen Fragen:
- Wer bin ich?
- Was kann ich tun?
- Warum bin ich hier?
- Was mache ich hier?
- Wohin gehe ich?

2. Lebe immer im aktiven Bewusstsein, im Hier und Jetzt.

3. Baue dir bewusst ein System von Werten und Überzeugungen auf.

4. Recherchiere über dein Interessengebiet oder deine Lieblingsbeschäftigung. Du musst es von allen Seiten angehen und so viele Information wie möglich darüber sammeln.

5. Schaffe dir ein System, mit dem du deinen Traum verwirklichen kannst.

6. Erstelle dir einen Plan zu deinem Lebensziel und benenne darin konkret die Dinge, die jeden Tag zu tun sind, entsprechend deinem Ziel und der Mission deines Lebens.

7. Bedenke! Ein Mensch verschwendet seinen Tag, wenn er nichts getan hat, was mit seinen Zielen und seiner Bestimmung zu tun hat.

8. Zerlege dein Ziel in die kleinsten messbaren Teile, also in Tage, damit du weißt, was du jeden Tag zu tun hast.

9. Schreibe deine Ziele und Pläne auf.

10. Trenne dich von begrenzenden und negativen Überzeugungen.

11. Befreie dich von Komplexen, die dich daran hindern, deine Bestimmung zu erfüllen.

12. Zeige Ausdauer, Beharrlichkeit und Beständigkeit auf dem Weg zu deinem Ziel und Schicksal.

„In 20 Jahren wirst du enttäuschter sein über die Dinge, die du nicht getan hast, als über die Dinge, die du getan hast. Also löse die Knoten, laufe aus aus dem sicheren Hafen. Erfasse die Passatwinde mit deinen Segeln. Erforsche. Träume."

Mark Twain

Sunday Adelaja im sozialen Netz

www.sundayadelajablog.com

http://sundayadelajablog.com/content/

http://godembassy.com

http://www.pastorsunday.com

http://www.sundayadelaja.de

Kontakt

Kiev, Ukraine

pa@godembassy.org

Mobil: +38 067 440 1958

Deutschland

itlhistorymakers@googlemail.com

Mobile: +49 176 61092298

USA

info@thecornerstonepublishers.com

+1 (516)547 4999

www.thecornerstonepublishers.com

Afrika

btawolana@hotmail.com

+2348187518530, +23 4809 7721451, +23 480 34093699

Als ich 2003, bei einer Konferenz im Messezentrum Berlin, Sunday Adelaja auf einer großen Videoleinwand sah und hörte was er an Weisheit weitergab, wusste ich, das sich unsere Wege noch einmal kreuzen werden. 10 Minuten durfte ich ihm zuhören. Dann musste ich aufbrechen und mit meiner jüngsten Tochter in die Charité fahren.

3 Jahre später hörte ich die Aufnahmen der Konferenz von 2003. Das Internet machte es möglich. 2007 Besuchte ich die Bildungseinrichtung von Sunday Adelaja in Frankfurt/M. Als Schüler durfte ich dort Bekanntschaft mit Lehrern machen, die weltweite Anerkennung haben als Unternehmer, Berater von großen und kleinen Unternehmen, Nichtregierungsorganisationen u.a.. Dr. Peter Daniels, Australien; Robert Senda, Paris; Tatjana Galuschko, derzeit USA; Natalia Potopajeva, Berlin; Tope Omotoye & seine Frau Lola, Frankfurt/M; Myles Monroe, Nassau Bahamas und viele andere mehr.

Im Jahre 2011 gründete ich eine Agentur und begann die Bücher von Sunday Adelaja ins deutsche übersetzen zu lassen. Im Jahr 2013 besuchte ich Ihn dann in Kiew.

Heute nun ist der 18. Buchtitel in Ihren Händen. Dankbar sehe ich auf die Zeit des Schaffens zurück. Dank gilt hier den Übersetzern. Auch meinen beiden älteren Töchtern, die mir durch Gestaltung und Korrekturlesung geholfen haben dieses Werk zu vollbringen. Besonderer Dank meiner Frau Heide, die mir immer hilfreich zur Seite war.

Siegfried Ballentin

Hansestadt Wismar, Mecklenburg - Vorpommern